SREATHAN ANNS A' GHAINMHICH

Bàrdachd, duanagan is òrain

Sreathan anns a' Ghainmhich

BÀRDACHD, DUANAGAN IS ÒRAIN

le

Dòmhnall Eachann Meek

acair

Do dh' Agnes Rennie agus sgioba Acair
a thug an leabhar seo gu bith.

Air fhoillseachadh ann an 2017 le Acair Earranta

An Tosgan, Rathad Shìophoirt, Steòrnabhagh, Eilean Leòdhais HS1 2SD

www.acairbooks.com

info@acairbooks.com

Deilbhte agus dèanta le Acair Earranta

An dealbh-còmhdaich le Dòmhnall E Meek
Tràigh Ghot, Tiriodh

Dealbhachadh an teacsa agus an còmhdach le Mairead Anna NicLeòid, Acair

Chuidich Comhairle nan Leabhraichean am foillsichear le cosgaisean an leabhair seo.

Tha Acair a' faighinn taic bho Bhòrd na Gàidhlig.

Gheibhear clàr catalog CIP airson an leabhair seo ann an Leabharlann Bhreatainn.

Clò-bhuailte le Hussar Books, A' Phòlainn

LAGE/ISBN: 978-0-86152-411-2

Clàr-innse

CÀNAN IS DUALCHAS

ÀBHACHDAS, AOIR IS FEALLA-DHÀ

COIMHEARSNACHD IS EAGLAIS

CLADAICHEAN IS BÀTAICHEAN

CAOCHLADH IS CALL

ALBA

MOLADH IS MARBHRANN

PÀRANTAN IS DLÙTH CHOIMHEARSNAICH

COIGRICH IS COIMHEACHAS

ANNS AN DEALACHADH

IOMRADH TOISICH

Leis mar a tha Tiriodh air atharrachadh rè mo bheatha-sa, tha e duilich dhomh an-diugh a chreidsinn gun deachaidh mo thogail anns a' Chaolas aig ceann an ear an eilein, ri taobh Sruth Ghunna, ann an dachaigh far an cluinninn a' Ghàidhlig moch is anmoch. Bha am baile air an aon dòigh.

Bha an taigh againne, 'Coll View', na nead de ghinealaichean, 's na ginealaichean sin a' sìneadh air ais gu 1870. Bha m' athair na chroitear agus na mhinistear, agus thill e fhèin agus mo mhàthair do Thiriodh à Ile ann an 1949 a fhrithealadh air dlùth-chairdean a bha a' faireachdainn uireasbhaidhean na h-aoise. Thogadh mise còmhla ris na seann daoine sin, daoine a bha òg is sùnndach nan spiorad, 's iad luma làn sgeulachdan is òran.

Bha cuid aca ri rannan, m' athair nam measg, 's e ag amas mar a bu trice air coin is cait seach daoine. Bha am baile làn de dh' òrain cuideachd, agus spèis shònraichte ga toirt do bhàrdachd. Os cionn gach neach, bha a' choimhearsnachd a' toirt urram do dh' Iain mac Ailein, 'Bàrd Thighearna Cholla', a rugadh sa bhaile, agus a chaidh do dh' Albainn Nuaidh ann an 1819.

Cha b' ann gu h-aotrom a chleachdte am facal 'bàrdachd' a bharrachd. Bha a' mhòr-chuid 'ri rannan', ach cha robh iad 'ri bàrdachd'. B' e gnothach àrd, uasal a bha an sin. Ged a dhèanadh neach òran, cha robh sin a' ciallachadh gur h-e 'bàrd' a bh' ann.

Bhithinn fhìn tric ris na rannan, a' comharrachadh cleasan nan creutairean a bha timcheall orm. Ach chan eil cuimhne air na rannan sin an-diugh, agus cha leig sinn a leas a bhith gan caoidh.

Anns an sgoil agus anns an oilthigh, chaidh mo bhogadh ann am bàrdachd 'cheart' na Gàidhlig agus na Beurla, eadar Donnchadh Bàn is Uilleam Wordsworth, agus na ceudan eile, ann an nòsan sean is ùr. Ann an Oilthigh Ghlaschu, ann an Roinn na Ceiltis, bha an t-Àrd-Ollamh Ruaraidh MacThòmais gu dian an sàs ann am bàrdachd, ga teagasg, ga mìneachadh

– agus ga cruthachadh. Bu ghasda am fear-teagaisg e. Cha bhiodh an leabhar seo ann às aonais.

A dh'aindeoin sin, cha robh mi fhìn 's an t-Àrd-Ollamh idir air an aon ràmh mu bhàrdachd. Cha robh mise riamh a' creidsinn gum feumte gluasad gu riochdan ùra air sgàth na linn anns an robh sinn beò. Bha mi gu làidir den bheachd gum fòghnadh na riochdan uile, a rèir a' chuspair agus nan smuaintean, agus ceann-uidhe an dàin. Cha b' e an linn no an nuadhachd a bha a' cùnntais. Bha gach seòrsa bàrdachd a' còrdadh rium, bho na 'strophics' aig Iain Lom anns an t-seachdamh linn deug, gu na 'rannan fosgailte' aig MacThòmais fhèin.

Le taic MhicThòmais, chaidh cuid de na rannan agam fhoillseachadh ann an *Gairm* eadar 1968 is 1974, ach 's e glè bheag dhiubh a chaidh an clò roimhe seo, ged a nochd cuid mhath air 'Leabhar nan Aodann' – coimhearsnachd nuadh ar latha – o chionn ghoirid.

Nuair a bha mi fhìn a' teagasg anns na h-oilthighean, bhithinn ris na rannan, am Beurla 's an Gàidhlig, mar dhòigh air faochadh a thoirt dom inntinn bhon h-uile rud 'gòrach' a bhiodh a' tachairt. Nuair a dh'fhàg mi obair nan oilthighean ann an 2008, fhuair mi an cothrom prìseil m' eanchainn a chleachdadh air mo shon fhìn, is tilleadh do Thiriodh na bu trice. 'S ann an dèidh 2008 a rinn mi a' mhòr-chuid de na dàin anns a' chruinneachadh seo.

Tha an sealladh a tha a' nochdadh annta air a bhonntachadh anns na dh'fhiosraich mi ann an Tiriodh tro na bliadhnachan, ach tha e cuideachd a' sgaoileadh a-mach gu na daoine is na suidheachaidhean air an d'fhuair mi eòlas taobh a-muigh an eilein, air tìr-mòr agus ann an gnothaichean na Gàidhlig. Tha baile beag an t-saoghail mhòir fa-near dhomh gu math tric.

Tha àbhachdas is fealla-dhà, moladh is mì-mholadh, meòrachadh is marbhrann, gràdh dùthcha is (uaireannan) gràin dùthcha, anns a' chruinneachadh seo, ach, mar as trice, 's e am prìomh chuspair a tha agam dualchas Gàidhlig Thiriodh ann an deifir riochdan agus mar a dh'atharraich e rim latha-sa. Chan eil Tiriodh na aonar anns an dòigh sin, agus is cinnteach gun aithnich an luchd-leughaidh an suidheachaidhean fa leth fhèin anns na tha mise ag ràdh mun choimhearsnachd air a bheil mi eòlach.

Tha spàirn aig cridhe cuid mhath de na dàin – spàirn gu bhith a' cumail a' dol ann an coimhearsnachd a tha air tionndadh beag air bheag na galldachd, le coigrich gun Ghàidhlig a' sìor fhàs nas pailte. Tha mi mothachail air strì mo dhaoine tro na linntean, strì gu bhith beò ri uchd cruadail, agus mar a tha mi fhìn a-nise a' strì, mar a bha m' athair 's mo mhàthair romham, gu bhith a' dìon na dileib a thug iad dhuinn. Os cionn gach nì, tha coimhearsnachd mo dhaoine fhìn mar chlach-iùil do mo smuaintean, agus a' choimhearsnachd sin ga tulgadh le cumhachdan ùra nàimhdeil an t-saoghail mhòir. Cha ghabh call is ionndrainn seachnadh.

Tha mi mothachail nach e 'bàrd' a tha annamsa a tha airidh air àite am measg nan urramach a chaidh romham no a tha ann an-dràsda. Gu math tric, tha na h-annasan a tha mi a' tairgsinn nas fhaisge air dealbhan-camara, air daoine is air àiteannan, a tha a' tighinn thugam ann am facail tro shùil na h-inntinn. Tha na modhan a tha mi a' cleachdadh a' siabadh a-nùll 's a-nall eadar na 'strophics' agus na h-òrain, eadar na dàin a tha teann nan cruth agus na 'rannan' a tha fosgailte. Mar eileanach, tha mi tric a' dol gu muir nam smuaintean, agus tha samhladh a' bhàta is gnothaichean na mara agus a' chladaich a' nochdadh gu minig.

Agus, mar fhear a tha cho faisg air a' chladach, tha fhios agam nach eil anns na rannan seo ach rudan aimsireil nach mair – sreathan anns a' ghainmhich, a dh'fhalbhas le muir-làn nan linntean, mar a dh'fhalbhas mi fhìn, agus mar a dh'fhalbh na daoine air a bheil mi a' cuimhneachadh anns na marbhrannan anns an leabhar seo. Fhad 's a mhaireas iad, ged tha, tha mi an dòchas gun toir na sreathan seo smuaint air cuideigin.

Dòmhnall Eachann Meek
Tiriodh agus an Eaglais Bhreac
Am Foghar 2016

CEANGAL IS CO-CHOMANN

SEO SINNE

Tha sinne an seo fhathast,
A dh'aindeoin sìde,
A dh'aindeoin stoirmean,
A dh'aindeoin gaoth is uisge,
A dh'aindeoin grodadh is lobhadh,
A dh'aindeoin cosg is caitheimh,
A dh'aindeoin call nan ginealaichean,
A dh'aindeoin imrich is eilthireachd,
A dh'aindeoin tanachadh teaghlaich,
A dh'aindeoin suarachas is sàrachadh,
A dh'aindeoin saighdean seòlta
Ar luchd-dìmeas.

Chan e gaotharain an t-samhraidh a th'annainne,
A' tighinn gar blianadh gach bliadhna air na tràighean,
A ghabhail beachd air dòigh-beatha annasach,
A cheannach liùgain phlastaig mar chuimhneachain,
A sgrìobhadh ròlaistean mun splaoid a ghabh sinn
Mu thuath am measg nan coigreach.

Cha mhotha a thàinig sinn a ghabhail fois,
Gu bhith nar n-uaislean an dèidh làimhe,
Nar ceannardan mòra geala
Am measg nan sgalagan.
Chan eil sinne a' sireadh
Niorbhàna no Tìr nan Òg:
Fòghnaidh ar tìr fhèin dhuinne.

Is sinne clann na creige,
Air ar bonntachadh gu daingeann,
Dòchas nar cridheachan,
Dualchas nar cnàmhan,
Eachdraidh nar n-eanchainn,
Ealain nar làmhan.
Ceòl nar còmhradh,
Cànan air ar bilean,
Creideamh nar n-anam.

Agus cumaidh sinn oirnn,
Ged a thigeadh an Dìle Bhàthte,
Ged a sgoltadh an speur,
Ged a thuiteadh an t-adhar,
Ged a charaicheadh an talamh,
Ged a bhiodh na h-uisgeachan a' goil,
Ged a ghluaiste bunaitean an domhain.

Tha ar freumhan cinnteach,
Tha ar còir-breith seulaichte.

Gabhadh an còrr
Far an togair iad.
Seo sinne.

DOL GU CLADACH

Cha b' ann a chluich a rachamaid don chladach,
Cha b' ann a thogail chaistealan,
Cha b' ann a chladhach chlaisean,
Cha b' ann a dhol air snàmh,
Cha b' ann a chleasachd leis na faoileagan,
Cha b' ann gar blianadh fhèin,
Cha b' ann a ghabhail air ar socair,
Cha b' ann a sheòladh air clàr-gaoithe
Air uachdar na tanalaich.

Bha ar togail anns a' ghreabhal,
Bha ar glainead anns a' ghainmhich,
Bha ar cinneas anns an fheamainn,
Bha ar beatha anns a' chuan.

Rachamaid ann le eich is cairtean,
Is gheibheamaid ar cuibhreann:
Fallas ar saothrach a' sruthadh
Na thonnan, mus tilleamaid.

Cha b' iad ar n-ainmean
A sgrìobhamaid gu faoin
Le stamh no le bioran
No le corraig, 's an ath làn
Gan sguabadh às.

Dh'fhàgamaid ar làraichean
Nan comharraidhean càirdeis,
Gu domhain ar an treabhadh,
Gu làidir air an daingneachadh
Gu fonnmhor air an snaidheadh,
Na cairtean a' dìosgail leis a' chudthrom,
Na h-eich a' slaodadh aig uchd an dìchill,

'S na roithean iarainn a' gearradh
Shreathan anns a' ghainmhich –
Mhaireadh iadsan
Beagan na b' fhaide.

AN SEANN BHEALACH

An-diugh choisich mi an seann bhealach,
Ceum air cheum thar a' mhachair,
Tron fheur fhada 's tron mhuran,
Far am bu tric a bhitheadh casan
An eich dhuinn a' draghadh cartach;
Na crùidhean a' dèanamh chlaisean,
Is brògan nan roth a' gearradh chlachan,
'S dòchas ann an cridh' a' bhalaich
Gum faigheadh e feamainn air a' chladach.

'S gun tilleadh e 's a' chairt a' dìosgail,
Na roithean a' bìogail air na h-aislean,
An t-each donn a' strì san acfhainn,
An t-uisge a' sruthadh às na stamhan,
Am balach a' coiseachd taobh na cartach,
Gus an ruigeadh e an aitir
Far an copadh e am mathas
Bheireadh fàs don churachd earraich.

Choisich mi, 's an dealbh cho soilleir,
An fheamainn ruadh 's i toinnt' mum chasan,
An t-each fiamhach le eagal mara,
A' chairt a' glagadaich le faram,
'S nuair a ràinig mi an cladach
Bha an fheamainn àrd na stacan,
Tiùrran buidhe a' cur thairis...

Ach mo chreach, 's mi air an starsaich,
Chaill mi 'm bealach anns a' bhaca,
Sìoban mìn a' toirt bhuam mo chasan:
Cha robh leasachadh an dàn dhomh –
Bealach na h-òige, bealach na h-aisling.

BEALACH NA GAOITHE

Bràigh a' bhaile fom chasan
Air bruthach Bealach na Gaoithe,
Gaoth làidir bhlàth a' pògadh m' aodainn,
Fearann mo dhaoine na phlaide ghorm-bhuidhe
A' deanamh fiughair ri a sheann charaid,
Gam thogail air sgiathan a' charthannais
Gu rìgh-chathair mo dhualchais.

Fodham na seann làraichean,
Na clachan a bhiodh a' briseadh mo choltair,
A' seinn òran-luaidh gach uair
A bhuaileas bonn mo bhròige am fonn:
An co-chomann dìomhair, daingeann ud
Fhathast cho beò, ged as fhada
Bhon a dh'fhalbh am baile a bh' ann
Mus tàinig na croitean ùra seo:

Cluinnidh mi seirm na cuibhle,
Chì mi na mnathan a' càrdadh,
An clò ga fhighe air a' bheairt,
An drògaid ruadh air thodhar
Ga neartachadh ris na speuran,
An siud ri aodann geal grèine,
Na fir nam fallas anns na feannagan,
Eich is searraich a' sitrich,
Na cairtean luchdaichte a' glagail,
'S iad uile gnìomhach dèanadach
'S gun eadarainn ach dà cheud bliadhna.

Shìos an siud gu deas am bàt'-aiseig,
Rìgh uasal Eileanan na cuimhne,
A' siubhal seachad air an Dùn Mhòr
Ann an samhradh oiteagach ar latha,
Na linntean a' falbh 's a' tighinn,
Ach fhathast na ceanglaichean,
Na faireachdainnean nach fhairich
Ach na casan a bha air am baisteadh
Anns an ùir àlainn ud air a' Bhruthach,
Agus an cridhe a bha air a bheòthachadh
Leis gach anail is ospaig
Aig Bealach na Gaoithe,
Bealach mo bheatha.

DÙN MÒR A' CHAOLAIS

Dhùin Mhòir a' Chaolais, 's tu daingeann daonnan,
'S gach gineal dhaoine gam breith 's a' fàs,
A' dol tron t-saoghal, ri strì 's ri saothair,
'S a' searg 's a' caochladh an siud fod sgàil.

Bha thu nam òige fod chulaidh bhòidhich,
Is grian an Òg-mhios cur neart nam chnàmh,
'S mi dol gu deònach le crodh don mhòintich,
Mus d'fhuair mi eòlas air cruadal chàich.

Gach ràth 's gach seusan, tha agad sgeul orr',
Gach fiath is gèile bha riamh san àit';
Cha robh ann èirigh no laighe grèine,
No sgòth sna speuran nach fhac' do bhàrr.

Gach seòl a b' àirde a nochd air sàile,
'S gach geòla thàinig le faram ràmh,
Fhuair fasgadh sàbhailt' an dèidh gach sàrach'
Sa chaladh ghnàthaicht' fo chnoc nan càrn.

Nam faicte nàmhaid a' tighinn air fàire,
Bha thus' ad dhaingneach do shliochd nan sàr,
Nad dhùn mòr làidir air là na h-àmhghair,
Ri àm a' bhlàir, ge b' e buaidh no bàs.

Bu tric a bha mi gabhail sealladh àlainn
Air eilean m' àraich bho d' bhinnean àrd,
Bàgh Ghot le thràighean gu Baile Mhàrtainn,
'S Beinn Haoidhnis thall leis a' bhall na bàrr.

Os cionn gach ulaidh, bha Eilean Mhuile,
Bheinn Mhòr 's a mullach fo churrac bàn,
Is Colla rudhach a' laigh' gu lurach
Taobh thall Sruth Ghunna, a' cur orm fàilt'.

Air druim a' Chaolais tha croit mo dhaoine,
'S a pàircean sgaoilte ri aodann bràigh,
An dachaigh choibhneil le iomadh aoibhneas
Air am bi mi cuimhneach' gu là mo bhàis.

An-diugh 's e deuchainn bhith streap do shliasaid,
'S gun agam trian den deagh rian bu ghnàth,
'S mi 'm measg nam mìltean a rinn do dhìreadh,
O Linn an Iarainn gu deireadh Dàin.

GEATA NA CACHALAIDH

Geata na cachalaidh a' tionndadh
Gu diùltach air a lùdagain mheirgeach,
'S mi ga dhraghadh an aghaidh a' chnap-starra,
Am feur fada 's am ploc ruighinn gorm
Air a dhìon bho ladhar cruaidh a' chruidh,
Is cudthrom an iarainn na dhùbhlan
Do na guailnean òga, boga:
Oidhirp ga fhosgladh 's ga dhùnadh
Air feasgar deàlrach samhraidh,
Is faileas na grèine a' cluich gu leisg
Eadar duilleagan seargte an t-siolastair
Am meadhan an locha leathainn bhig,
Na casan ruadha a' tighinn air tìr
Tro pholl is eabar, le faileadh beò
A' mhonaidh fharsaing fhialaidh.

Seaghan air gach beothach,
Na creathaillean a' spiolladh fala,
Na feamain gan sìor chuipeadh,
Fallas a' sruthadh is boladh buachair
Ga spriodadh gu neartmhor
Air oiteag lag deireadh an latha,
Beairteas brìoghmhor an t-slèibhe
Ga chur air ar cùlaibh
Fo fhaire gheur an Dùin Mhòir.

Dhachaigh leinn gu socrach,
An streud eòlach air an t-slighe,
Gach ùgh ag at le bainne,
A' glugail gu fonnmhor le maitheas
Fa chomhair na bleoghna,
Sgiotar air na casan-deiridh,
An cù càirdeil 's a theanga a-mach
Le teas is pathadh na spàirne,
Am balach a' putadh an rothair
Gu dìcheallach às an dèidh.

Geata na cuimhne a' tionndadh
Gu h-èasgaidh air a lùdagain,
'S am facal sin 'cachala'
Mar ola bhuadhmhor
Bho shaoghal eile –
Ach càit a bheil an crodh
An-diugh?
Càit a bheil am balach ud
A-nise?

EADARAINN FHÌN

Bu mhath leam do mholadh, eilein,
Mar a chaidh do mholadh mìle uair
Aig bàird bhinn bhòidheach nan linntean
Ann an ceò eireachdail nam briathran:
Ach chan urrainn dhomh.

Gach uair a nì mi oidhirp,
Tha mo chridhe a' teannachadh,
Mo chuislean a' crupadh,
M' fhèithean a' lasachadh,
Agus mo làmh a' diùltadh.

Fàgaidh mi do mhachraichean gorma
Agus do thràighean geala
Aig na h-uiseagan ceòlmhor,
Aig Melba agus Carùso,
'S iad air sgèith gu bràth
Os cionn achaidhean m' òige
Air madainn shamhraidh:

Agus coisichidh mise don stoirm,
Far am bi m' eanchainn ga geurachadh,
Far am bi an dìle ruadh a' sadadh mo chinn,
Far am bi na tonnan a' bualadh mo bhunait,
Far am bi gach nì mì-chinnteach,
'S far an cluinn mi sgread nam faoileag
Air latha mosach, grod, grànda:

Far am fairich mi mo thuigse
A' dol air ghleus, gu bhith ag innse
Fìrinn lom a' ghnothaich,
Gu bheil mi fhìn 's tu fhèin
Eadar a bhith nar càirdean
Agus nar nàimhdean,
Eadar sabaid is sìth,
Eadar còmhradh is cath,
Uaireannan searbh ri chèile,
Uaireannan caomh, coibhneil.

Thig na facail an uair sin, nan sruth,
A' sguabadh leotha eabar àlainn na brèige,
A' fosgladh dìg an t-seallaidh lèirsinnich
A tha falaichte eadar gaol is gràin,
Eadar crith-thalmhainn is cridhe talmhaidh.

TÌR ÌOSAL GUN EÒRNA

Eilein Thiriodh mo ghràidh-sa far am b' àbhaist dhomh leum
Air do thràighean 's do bhràighean le aighear nam cheum,
'S gann gun creid mi cho àlainn 's tha gach àite dan tèid,
Gach taigh ann cho snasail, gun salchar, gun bheud.

Chan e idir taigh-tughaidh tha dubh leis an t-saoidh,
Ach lùchairt ceann-fealt leis gach ùr-rud na bhroinn;
A chìrean ag èirigh gu na speuran le loinn –
'Taigh Tirisdeach' maiseach, ach càit' bheil an sgoinn?

Eòin an t-samhraidh a' siubhal gu neadan bha uair
A' cur dìon air deagh àlach bha ri àr agus buain;
Tha muinntir a' bheairteis mu dheas is mu thuath –
Is mise an tuataidh, ged bha mi uair measg mo shluaigh!

Gach pàirc san robh treabhadh, chan fhaic mi ann sian,
Chan eil arbhar a' fàs ann no gràinn anns an dias;
Cinneas gorm air gach aonach dol gu laomadh is riasg,
Crodh, laoigh is treud chaorach leotha fhèin air gach sliabh.

Sgaoth de gheòidh tighinn a laighe 's a chriomadh an fheòir,
A' fàgail gach rèidhlein cho rèidh ris a' bhòrd;
Chan eil cead bhith gan leagail, 's ann aca tha chòir –
Ach nan robh agamsa gunna, chuirinn urchair nan tòin!

'S e 'n 'àrainn' seach Gàidhlig tha làidir san tìr –
'Fàg gach eun agus ainmhidh gu seasgair an sìth';
Fhad 's bhios iadsan is biadh ac', is coma an nì
Ged bhiodh seachd bliadhna gort' a' liathadh ar cinn!

Tha 'leasachadh' fasant', ach chan e salchar nam mart
Ga sgaoileadh air iomair le gràb' biorach bho chairt!
'S e 'urras' is 'buidheann' is 'cumaibh seo ceart',
'Is thig Linn Mhòr an Àigh oirbh le saoibhreas bhios pailt'!

Ach cluinnidh mi fhathast fear cur teagamh sa chùis,
A' cur sad às na h-itean aig neach-labhairt gun tùr;
Luchd-labhairt na Gàidhlig, ged tha 'n àireamh air lùghd',
'S ann aca tha 'n tuigse – agus na bitheadh iad diùid!

BÒIDHCHEAD

Tha am baile seo cho cuimir an-diugh,
Na taighean cho geal, snasail,
Na gàrraidhean air an gearradh
Le ealain an ealantais,
Le cìr is ealtainn, gach ròineag feòir
Air a sgeadachadh le mion-eòlas,
Gach clach air a peantadh às ùr,
Na seasamh gu socrach,
Gach tè air a glanadh on chòintich.
Cho snog. Nach eil?

Tha am bàta plastaig air tìr,
'S cuideigin ga nighe le siaban
Air eagal 's gum fàg sluaisreadh na mara
Làrach oirre. Is beag leis na h-èisg
Salchar.

Anns an aiseirigh mhì-thamhaidh seo,
Tha a h-uile nì cho glan.
Feuch nach mill thusa sian:
Is tusa an coigreach mì-thuigseach.

Ach tha an caolas ag osnaich,
Ag iarraidh stoirm, rùitean mora,
Mì-rian doineannach, dorcha

A thilgeas am mol air a' ghrinneal,
A ghearras an fheamainn,
Ga torradh air a' chladach;
An talamh ag èigheach
Airson uisge a nì poll is eabar,
Buachair nam beothaichean mar bhrochan,
Na cairtean 's na h-eich ga mhaistreadh
Na ìm dubh, a chuireas blas eireachdail
Air buntàta na beatha.

'S na fir a' tighinn dhachaigh
Gu na starsaichean eagach,
Gu na cabair loisgte,
Gu na teaghlaichean
Làidir, brìoghmhor,
Beò air a' bhochdainn bheairtich.
Na casan mòra, neartmhor
A' toirt an t-salchair don taigh,
Ga fhàgail air an ùrlar,
Ga shuathadh air na cathraichean,
Air na beingean 's air na ballachan.

Taing do Dhia gu bheil salchar àlainn
A' sgeadachadh an taighe seo
Fhathast.

TUIGSE

Is beag orm fiamh do ghàire,
Do shubhachas neo-thuigseach neochiontach,
Nuair a dh'innseas mi dhut gu socrach
Gu bheil mi a' dol a Thiriodh,
Agus do fhreagairt fhaoin gun stàth –
'Nach eil sin brèagha!'

Aidh, brèagha dhutsa nach fhaca
Sian nad bheatha ach grian an t-samhraidh
Ann an eileanan do bhruadair:
Nach fhaca an grodadh anns na sailthean,
An tighinn-fodha anns an ùrlar,
Am bainne-liath air na cathraichean,
An lìnnidh bhrisg a' tuiteam far nam ballachan,
An t-àite-teine a' falbh às a chèile:
Dhutsa, nach do bhleoghainn mart,
Nach do chuir a-mach cairt innearach,
Nach do chuir teàrr air saibhlean,
Nach do ghiùlain eallach a' ghuail,
Nach do sheall air na tuiltean,
Nach fhaca na dìgean stopte,
Na h-achaidhean a' dol fodha,
Nach d' fhiosraich neart gaoithe
Agus do dhùthchas a' bàsachadh.

Nam b' urrainn dhòmhsa do theagasg,
Ach cha toir thu cothrom dhomh:
Chan eil ceist agad idir, idir,
'S an saoghal agad cho cinnteach,
Gach nì air a chur a-mach gu snasail,
An doras eadar samhradh is geamhradh,
Eadar sin is seo, eadar an-dè 's an-diugh,
Eadar mise 's an ath dhuine,
Cho sìmplidh, cho sìtheil:
Chan eil ann ach e.

Ach seo mise 's mi glaiste
Ann am prìosan làn dhorsan,
Ann an Alcatras na h-inntinn,
'S gach aon dhiubh feumach air fhosgladh,
Nam biodh misneach agam,
Spiorad, spionnadh, sgoinn –
Agus iuchair.

Ma dh'fhosglas mi doras Thiriodh,
Dè idir a chì mi na laighe
Air chùl na còmhla
An turas seo?

AN FHADHAIL

'S e 'An Fhadhail' a thug iad ort,
Far am biodh iad a' dol thairis
Eadar dà leth an eilein,
Eadar am Bàgh is Crosabol,
Eadar an dà cheann, sear is siar,
Eadar am machaire mòr farsaing
Agus na bailtean cuingealaichte.

Ach da-rìribh 's e abhainn a th' annad,
A' sgoltadh Thiriodh na dhà eilean,
Cha mhòr, mura b' e Baile Phèitris.
Sgaradh mòr air an do chuir iad
Drochaid do na ginealaichean
Le ealain dhaingeann dhiongmholta
Nan clachan cuimir.

Ann an siud, air feasgar samhraidh,
Shuas gu h-àrd, far an robh an lochan,
Leiginn fhìn is m' athair long ar toileachais,
Is sheòladh i gu deàlrach ann an rèis a beatha
An aghaidh cuttar bhuadhmhor Dhonnchaidh.
Òbh, òbh, ach a' ghrian 's i a' dannsa
Air an uisge ud, 's am bàta beag
Cho brèagha na h-aodach ionraic
A-nùll 's a-nall!

Agus ann an siud cuideachd,
Anns an loch chàirdeil, cheanalta ud
Eadar an saoghal seo is an t-sìorraidheachd,
Bhiodh na Baistich a' tumadh nan creidmheach
A bha air dol thairis o bhàs gu beatha,
Aodach geal orra, a' deasachadh
Fa chomhair nèamh is ainglean,
Na laoidhean ag èirigh gu ceòlmhor
Air an oiteig bheannaichte.

A-nùll 's a-nall ort, Fhadhail,
Ann ad uisgeachan rèidh ciùin,
Rachadh iad: casan dhaoine, casan cruidh,
Crùidhean each, bàtaichean beaga,
Luchd-aidmheil, croitearan saoghalta,
Tuathanaich, dotairean, uachdarain,
Diùcannan, anaman neo-bhàsmhor.

Bu tusa an starsach,
Bu tusa an doras biothbhuan,
Bu tusa a' chrìoch dheireannach,
A' fosgladh eadar ar seallaidhean,
A' conaltradh eadar ar rùintean,
A' sruthadh eadar ar n-inntinnean,
A' monbhar eadar ar cànainean,
A' plubadaich eadar ar cridheachan,
Gar sgaradh ach fhathast gar n-aiseag,
'S do chuartagan gu socrach a' snìomh
Snàithleannan ar beatha
Agus ar bàis.

A' BHEINN MHÒR

Ri gaoth no ri grian,
Ri cogadh nan sian,
Tha thu seasmhach o chian gus an-diugh.

Le sgòth air do bhàrr,
Ach an còrr dhiot gu slàn,
Tha aighear is àilleachd nad chruth.

Aig fosgladh mo shùl'
Air madainn le driùchd,
Bhiodh tusa gam stiùireadh le tlus.

Bu tu combaiste m' òig',
A' toirt iùl dhomh le deòin,
Ged thùirlingeadh ceò orm gu dubh.

Ann an àine an là
Bu tusa mo ghràdh,
'S tu gam bhrosnach' gu sàr-obair dhuts'.

Bha do shliosan cho rèidh
A' cur sùnnd air na fèidh,
'S iad a' deoghal le spèis air do ghruth.

'S chìte luingeas fo sheòl
A' dol seachad fod chòrs',
Gàire geal air am beòil anns an t-sruth.

Aig dol fodha na grèin',
Tha thu lasadh mar chèir,
Le soilleireachd shèimh aig do bhun.

Ri fairean na h-oidhch'
A' cur geàrd air do chloinn,
Le do ghàirdeannan coibhneil, tiugh.

Beinn Nibheis tha faoin
Seach beinn ud mo ghaoil,
Tha a' seasamh le aoibh gus an-diugh.

CUINGEALACHADH

Tha na h-eileanan faisg a-nochd,
'S iad an ìmpis mo thachdadh
Air feasgar bruthainneach,
'S coltas an uisge oirre:
Tha gach aon a' tagradh
A chòirichean eudmhor fhèin:
Greasamul air m' eanchann,
Gunna air m' uchd,
Colla air mo stamaig,
Lithibrig air mo chruachain,
Creachasdal air mo ghlùinean,
Innis Choinnich air m' aobrain,
Gòmastra is Lunga air mo chalpannan,
Muile 's a' Bheinn Mhòr air mo chasan,
Gam ghlasadh ann am prìosan,
A' teannachadh nan cuibhrichean,
Gun dol às agam on ghainntir
Ghrànda, ghaolach seo.

Cha do ghabh gin dhiubh sin sealbh
Air mo chridhe, oir thuig iad
Nach eil sin saor do dh'eilean eile:
Rinn Tiriodh grèim airsan
Le geimhlichean na daorsa
O chionn fhada nan cian.

Ciamar idir a gheibh mi saorsa,
'S gach caol is ball dhiom air a cheangal
An seo anns a' Chaolas?
Ciomach toileach mo dhualchais.

Cha tig fuasgladh gus an seòl
M' anam a-mach air an tuil a thig
Às an fhras mhòr bheannaichte
Ris a bheil dùil a-nochd,
'S na h-eileanan cho faisg.

BREITHNEACHADH IS FÈIN-EÒLAS

CAMBRIDGE 1973

Anns a' bhaile seo, tha an t-ionnsachadh
A' sreap mar an eidheann
Ris na ballachan àrsaidh;
'S chìthear air feasgar àillidh
Seilleanan an t-samhraidh
A' deoghal na meala.

O m' anam, san àit' ud eile far nach eil
An t-ionnsachadh mar an luibh lìomhte, uaine,
Gheibhear an sin am buallan buidhe;
Ach chì thu, ma sheallas tu,
Na seilleanan cuideachd
'S an seirm trom le beairteas an trusaidh.

AM BALACH 'S AM BODACH 2013

Choinnich mi an-diugh ri balach
'S mi a' tarraing chlach agus chrualach,
Fear òg le deàlradh na aghaidh,
Gun eòlas air àmhghair no cruadal,
Dath an fhithich san fhalt aig',
Doimhneachd na mara na shùilean.
'Dè tha sibh a' dèanamh, a charaid?'
Dh'fhaighnich am balach le suairceas.

'Tha mi a' cur taic ris a' bhunait
Aig an taigh sin thall le mhòr-stuaghan;
'S mi taingeil gum faod mi bhith togail
Nan clachan corrach le sluasaid,
Gun nì a' cur dragh air mo mheanmna,
Ach fèithean a chleachdadh sa chuaraidh.'

'Dè tha thusa a' dèanamh?'
Dh'fhaighnich mise le truas dha.

'Tha mise an-dràsd' 's mi nam sgoilear,
Nam shuidhe an seòmar nan uaislean,
Ag èisdeachd ri eachdraidh Alba
Is Shasainn is Èirinn 's an cruaidh-chas.
Tha mi shìos ann an Drochaid a' Cham,
An siud anns na lùchairtean snuadhmhor,
Far an cluinnear guth ceòlmhor nan oidean,
Ag innse mar thàinig na sluaghan.

'Corr uair bidh mi mach air an abhainn.
A' tarraing m' anail gu suaimhneach,
'S bidh mi tacan nam shuidhe san leabharlann,
A' leughadh 's a' cadal 's a' bruadar.'

'Nach annasach sin,' arsa mise,
'Bha mise uair ris a' chiùird sin,
Ag èisdeachd ri oideachan snasail,
'S a' frithealadh òraidean drùidhteach,
A' coiseachd nan cabhasairean seana,
'S a' plubadaich anns na mion-stuaghan.

'Lean mi an abhainn gu toiseach,
Shir mi le dìcheall na tùsan;
Is shaoil mi le cinnt gun lorgainn
An Rosetta a bhiodh na clach-iùil dhomh;
Gum bithinn nam ollamh mòr ainmeil,
A' tarraing nan ceudan gam ionnsaigh,
Ach cha robh ann am inntinn ach faileas,
Ged bha i làidir gu leòr mar bhuaireadh.
Agus seo mi a-nis leis a' bhara
A' cur neart ris a' bhunait thug tùs dhomh,
Gam shamhlachadh fhìn ri Oisean
An dèidh bàs na Fèinn' a bha buadhmhor!'

'S thuirt esan le tuigse na shùilean,
'Cò idir, idir a chreideadh
Gun robh sinne mar aon a' gluasad?'

SEANN TAIGH

Seo sinn a-rithist, a sheann taigh,
'S sinn a' feuchainn ri dìon a chur ort.

Nach annasach sin, 's a liuthad bliadhna
A chuir thu fhèin dìon oirnne;
Ginealach an dèidh ginealaich
De na Dòmhnallaich fo do chabair;
Do bhallachan leathann a' toirt dùbhlan
Do gach gaillinn is stoirm bhrùideil;
Feur nam machraichean ga ghearradh
Le siosar nimheil, geur na gaoithe,
An t-uisge a' sadadh air na creagan,
Na Suacain a' goil le fuathas mara,
An tein'-adhair 's an tàirneanach
A' sgoltadh nan speur, gach uamhas
A' dalladh ort bho gach àird.

Bu tric a dh' èisd mi gu seasgair ri do chaismeachd,
A' cur a' chatha an aghaidh nan siantan,
Do sglèatan ri drumaireachd,
Do stuaghan ri feadaireachd,
Do shimilearan ri bùirich,
Do dhruim ri dìosgail
D' uinneagan ri bualadh,
Do bhallachan ri brùnndail,
'S a' ghaoth 's an t-uisge a' tilleadh,
'S iad claoidhte.

Ach a dh' aindeoin do thrèine,
Chagainn iad thu beag air bheag,
Sgàinidhean fada,
Taisealachd anns a' ghlutadh,
Corra mhaide a' bristeadh,
Fiodh nan dorsan a' grodadh,
Uinneagan a' dèanamh aoidion.

Tha sinne a-nise aig do bhunaitean,
A' cladhach claise don taisealachd!
Chan urrainn nach tug sin gàire ort!
Nach ann oirnn a tha a' bhathais!

Chuala mi thu ag ràdh os ìosal,
'Abair stèidh, a bhalaich!
Beachdaich thusa air gach clach
A chuir Eachann Bàn anns an talamh,
A thug e às a' chuaraidh le spreaghadh-creige,
A shlaod a chlann air losgann each,
A shnaidh an clachair le ealain na gilbe,
'S a chuir e cuairt air chuairt
Le neart a chuirp 's a dhà làimhe
Timcheall nam ballachan.

'Gabh beachd, 'ille, air mar a thog
Eachann Bàn a dhaingneach!
Tut, bidh mise an seo gu seasmhach,
An latha nach bi thusa ann!
Cuiridh mise thusa às mo dhèidh!

'Ach tapadh leat, 'ille,
Airson beagan maise a chur air mo ghnùis,
Spriodadh de dh'aol geal bòidheach
An ceann a h-uile còig bliadhna,
'S peanta a chur air mo dhorsan
Agus air na h-uinneagan.
Rinn sin feum dhomh,
Ach tha mo bhunait
Fhathast gun atharrachadh,
Gun sgàile tionndaidh.

'Clann nan clach a thog mise –
B' iadsan, 's cha tusa,
A rinn mo bhunait-sa
Cinnteach.'

IS MISE DÒMHNALL

Gu mì-fhortanach, is mise Dòmhnall:
Cha mhise Iain no Seumas no Teàrlach:
Tha mo shealladh fhìn air an t-saoghal agamsa,
Agus aig Iain is Seumas is Teàrlach:
Ach, gu h-annasach, cha mhise Dòmhnall idir
Ach ceud Dòmhnall, is barrachd, 's iad uile beò
Anns an aon Dòmhnall, anns an aon inntinn,
Cuid dhiubh air a bheil mi eòlach,
Ach cuid eile a tha am falach an àiteigin
Far nach fhaic mise no duine eile iad gus an nochd iad
Le beachdan is barailean a chuireas ioghnadh orm,
Is eagal uaireannan. Tha cuid a bheir gàire
Air gamhainn a' mhairt, agus cuid eile
A chuireas ònrais air a' mhuic.

Agus sin agaibh an trioblaid.
Bidh mi a' feuchainn ris na Dòmhnaill eile
A thuigsinn 's a thoileachadh 's a chumail aig fois,
Ach chan eil iad furasda an riarachadh:
Cuid dhiubh, chan eil iad idir, idir deònach
Fois no sìth a dhèanamh rium fhìn
No ri neach eile. Cuid eile, cha dèan iad car
Ach cadal ann an cùil dhìomhair
Gus an cuir rudeigin dragh orra,
'S a-mach leotha
A throd.

Is toigh leam fhìn
An fheadhainn chàirdeil,
Chaomh, chiùin, cheanalta,
Charanta, chothromach, choibhneil, chridheil.
Is toigh leam a bhith gan cur-san
Fa chomhair an t-saoghail.

Ach, mo chreach, choinnich mi
Còrr is aon uair, feumar a ràdh,
Ris an fheadhainn chrosda,
Cheacharra, chiùrrte, chreachte,
Chronail, chracte, cuideachd.
Cha toigh leam a bhith ag aideachadh
Gu bheil iadsan ann.

Mar sin faodaidh e bhith
Gu bheil pìosan de dh'Iain 's de Sheumas
No eadhan pàirt de Theàrlach annamsa
An àiteigin, ach cò aig tha fhios?
Saoil cò a nochdas an-diugh?
Agus cia mheud ann an
Aon latha?

EADARAS

Eadar dà shian is eadar dà latha,
Eadar dà dhachaigh, eadar dà chaladh,
Eadar dà chànain, eadar dà bhaile,
Crochte gu bràth eadar gàire is smalan.

Eadar na rinn mi 's air nach deach' agam,
Eadar na shoirbhich 's nach deach' idir ceart leam,
Eadar an roghainn nach bu chòir dhomh a gabhail,
'S na thachair on là sin, na thachair ge b' oil leam.

Eadar an dàn is sàr-thoil mo bheatha,
Eadar rùn Dhè is fèin-riaghladh m' anam,
Eadar bhith sàsaicht' is fhathast bhith falamh –
Cuin idir a thèid an t-eadaras thairis?

AN UINNEAG

Feumaidh mi an uinneag fhosgladh
Mus teich a' mhionaid seo bhuam,
Gach nì eile a leigeil seachad
Agus a' mhionaid a ghlacadh
Mus tog i oirre còmhla ris a' chòrr:
A' mhionaid seo anns am faic mi
Tron uinneig bhig bhrìoghmhoir
Sealladh nach fhaca mi riamh roimhe
Agus nach fhaic mi san t-saoghal seo
A-rithist.

Tha a' mhionaid cho mionaideach,
Gach diog a' freagairt gu grinn,
Mar shàr uaireadair 's gach pàirt dheth
A' co-obrachadh, is nèamh is talamh
Ann an co-chomann neo-àbhaisteach,
An sealladh a' gearradh clach mo shùla
Le shoilleireachd, mar gun dèante dealbh
Air gloinne le daoimean, 's an tìr shean
A chunnaic mi ceud is mìle uair
A' cur oirre trusgan tuigse gun fhàitheam,
Is mo spiorad a' seòladh thuice
Feuch am bean mi ri iomall an trusgain.

Cha till a' mhionaid seo gu bràth tuilleadh,
Chan fhosgail mi an uinneag san aon dòigh,
Chan fhaic mi an sealladh seo a-rithist,
Gus an seòl mi gu socrach
Thar starsach na sìorraidheachd
Far am bi am fìor shealladh farsaing
Coilionta, 's far nach bi tìm
Na maighstir.

MAC-MEANMNA

Teine bòidheach ga fhadadh
A' chiad char sa mhadainn,
Le biorain is pàipearan leughte.

Gach connadh na laighe
'S a' fuireach ri lasair,
Le beatha bhios sradagach, èibhinn.

An sin thig an lasag
Gu socrach, na caran,
Gu seòlta a' lasadh gach èibhleig.

Buidhe, uaine, is dearg
Le dathan nach searg,
A' cruthachadh dhealbh a bhios gleusda.

Chìthear sgeulan gan aithris
Nuair bhios grìosach a' snagail,
Cait, coin agus marcaichean steudan.

Bidh an inntinn air bhioran
A' faicinn saoghal san teine,
'S am blàths a' cur mire san lèirsinn.

Teine bòidheach ga fhadadh,
A' toirt aoibhneas don latha,
'S mac-meanmna na lasair ag èirigh.

CÀRADH BALLA

Obair an latha, 's e càradh a' bhalla,
Gach toll agus sgaradh is beum:
Is feumar a-nis bhith a' cleachdadh na sgathair
Le ealain is snas anns gach ceum.

'S e susbaint a' bhalla aol agus clachan,
Ach cha fhreagair gach tè air a cèil',
Is feumar an-diugh bhith dinneadh nan spalan,
'S gan socrachadh teann anns a' chrèidh.

Bidh am balla gu cinnteach grinn agus snasail,
Co-chomann is neart anns gach rèis,
Is seasaidh e daingeann nuair thig air a' ghailleann,
Le dochann is creach air a sgèith.

NOTA
'Spal' – clach bheag gheur a bhios tu a' cur eadar na clachan mòra.

NA CÀIRDEAN A BH' ANN

CÈILIDH NAN TAIBHSEAN

Nuair a bhios na taibhsean a' tadhal anns an oidhche,
Bidh cèilidh mhòr an aoibhneis againn còmhla:
Nam faiceadh sibh na daoine bhios a' tighinn cruinn ann,
Thuigeadh sibh an saod bhios nar còmhradh!

Bidh iad ann mar bha iad, fallain agus làidir,
Teàrlach is a cheann làn de bhòillich,
Cuimhneachadh mar dh'fhàg e 'n t-eilean a bha àlainn,
A dhol don Transbhàl air a' bhòidse.

Magaidh trod gu sùnndach is gun idir, idir diù aic'
Do na diùlnaich is smùid ac' air òrain;
Na gaisgich a thug dùbhlan do dh'àrdan rag an Diùca,
B' fheàrr leatha luaidh air an teòmachd.

Eachann Òg cho bàidheil, cho ealanta le bàrdachd,
'S cho làn de chleasan dàna mar spòrsa;
Bha daonnan fiamh a' ghàire air aghaidh laghach chàirdeil,
'S a phìob le lasag àrd innt' an-còmhnaidh.

Annabel is bòrd aic' cur thairis leis gach sòlas,
Biadh is deoch gu leòr do gach òigfhear,
I 'g aithris mar a sheòl i thar na fairge mòire
Gu machraichean eòrn' Mhanitòba!

Dòmhnall 'g iomram geòla timcheall Cheann t-Sòthaidh,
'S e ag innse mar a dhòirt an droch cheò orr';
Calum leis a' chompaist gan cumail ceart a' seòladh,
'S a' tarraing ràmh le dòrn a bha eòlach.

Nuair thig iad siud air chèilidh, tha gach nì cho èibhinn,
Ged b' e 'n èiginn fhèin brìgh an sgeòile;
Cha robh iad air an lèireadh le fuachd no teas na grèine –
Am pailteas no an èis bha iad deònach.

Tha mhadainn anns a' Chaolas nise dhòmhsa aognaidh,
On a thriall càirdean coibhneil na h-òige;
Ach am fois na h-oidhche, thig iad beò nam chuimhne,
Is saoilidh mi gun cluinn mi an còmhradh.

A' CHEÀRDACH

Seo mi air tilleadh a-rithist
Gu taigh-obrach m' òige,
A mhair fad nam bliadhnachan
Nuair nach robh ach na taibhsean
A' tadhalt air oidhch' is latha.

Gabhaidh mi ceum
Far na starsaich rèidh chloiche
Gu cridhe na croite,
'S tha iad siud timcheall orm,
Na seann daoine air tilleadh
Còmhla rium.

Teàrlach leis an each dhonn,
'S m' athair aig an teine,
Am bolg mòr ga shèideadh,
Crùidh eich ga teasachadh,
Na lasagan dearg-mhairbhteach,
An gual dubh a-nise geal
Anns a' ghrìosaich ghairbh,
An t-iarann ga spìonadh le clobha,
Cearcall gorm ain-teas ga chuartachadh,
Ga stiùireadh chun an innein.
Gàirdean gaosaideach m' athar
Ga lùbadh, 's an uairsin
Ga fheuchainn air an each,
Losgadh na ladhrach is fàileadh càise,
Toit ghorm, 's a' chrùidh chruthaichte
Ga baisteadh aig ceann teanachair
Ann am ballan uisge.

Na gnothaichean a rinneadh an seo!
Na ciùirdean a chunnacas sa cheardaich!
Na bùird, na cathraichean,
Na creathaillean, na cisteachan
Do na beò 's do na mairbh,
Na preasan, na dreasairean,
Na cairtean, na cliathan,
Na coltairean, na roithean,
Na geòlachan leathann
A thogadh na giomaich,
'S na h-eathraichean biorach
A bhuannaicheadh rèisean!

Chan eil lorg orra:
Chnàmh iad uile don bhaca,
Ach fairichidh mise
An làthaireachd fhathast.

Siud thall taibhs' a' bhalaich bhig,
Neart a bhodhaig a' fàs leis gach buille,
A' gabhail cruth nan ginealaichean,
A' tighinn chun a' bhùird-obrach,
Gu luchd-teagaisg acfhainneach na beatha,
An t-òrd 's a' ghilb 's an sàbh,
An eighe 's an glamaradh,
Gan togail na làimh,
'S a' cruthachadh bàta bòidheach
À bloc rag fiodha.

Seo a-nise am bodach
A' tilleadh gu oilthigh òige,
'S bàta ùr eile air inntinn,
An tè as fheàrr a rinneadh
Riamh, mas fhìor:
Leathann air a gualainn,
Domhain air a druim,
Cinnteach air cùrsa,
A' dol air a' ghaoith
Le fonn siùbhlach,
'S e fhèin aig an stiùir.

'S ann oirre a sheòlas e
Air an turas dheireannach,
Is eich luatha Mhanannain
A' breabadh an casan,
'S sradagan geala na ceàrdaich
A' cur drithleann
Air a' chuan.

ÀRD-DORAS EACHAINN BHÀIN

Am measg tòrr chlach sa mhachair,
Bha sàr-leac chloiche mhòr,
Na laighe air a tarsainn,
Far an do thuit i às an lòd:
Nuair leag iad na seann taighean,
'S a chaidh ballachan fon òrd,
Sheas i siud gu daingeann
Gus an do land i anns an tòrr!

Ochd troighean innt' gun teagamh,
Is neart a rèir a seòrs':
Cha robh a leithid air thalamh
Bha cho freagarrach 's gach dòigh:
Am bodach beag bha tapaidh,
Shlaod dhachaigh i le pròis,
Rinn e dhith an t-àrd-doras
A sheas o linn a' cheò!

Nach b' e siud am famhair
Chuir a' chlach ud leis a' chòrr
Gu daingeann anns a' bhalla
Nach do lagaich anns an stoirm?
Na ceudan each is chairtean
Chaidh a-mach 's a-steach le ceòl
Fon àrd-doras bu mhaisich'
A bha riamh an Tìr an Eòrn'!

Ciamar idir rinn e togail,
'S gun sian na chorp ach feòil?
Bha cnàmhan nach bu bhog aig',
Is cridhe coimhliont' mòr.
A ghàirdeann, cha bu lag i,
A' cur a' chath' le treòir,
Ach chuireadh siud gu farmad
Seann ghaisgich na Roinn Eòrp'!

Na daoine thog na cearcaill
Leis na coirtheachan mar spòrs,
Cha bu lugha euchdan Eachainn,
Cur na cloich' ud air a dòigh!
Cò an-diugh a ghabhadh
Clach mar siud le dheòin,
A thogail balla taighe?
Chan eil a shamhail beò.

B' e siud am fear nach teicheadh
An àm èiginn no mì-chòrd':
Ri aghaidh bàillidh sheasadh e,
Is bhreabadh e a thòn:
Nan tigeadh fear a' mhagaidh,
Bheireadh Eachann dha a dhòrn,
'S do lub an dùnain rachadh e –
'S cha b' fhada mhaireadh leòm!

Nan robh agamsa an spionnadh,
Thogainn leam le pròis
A' chlach, is dhèanainn carragh
Don ghaisgeach bheag bu mhòr!
Chuirinn i san talamh
'S a ceann gu h-àrd sna neòil
Mar chuimhneachan air Eachann –
Mo shìn-seanair uasal còir!

AN DEALBH DEIREANNACH

dem shìn-sheanair 's dem shìn-sheanmhair.
Chaidh an dealbh a ghabhail ann an 1916 le am mac,
Iain Dòmhnallach, a chaidh a mharbhadh aig Arras ann an 1917.

Tha sibh an seo crochte air a' bhalla,
Tàthte ann an ceimiceachd na mairsinneachd,
Ur dromannan ris a' ghàrradh,
Eadar na clachan as motha a th' ann.

Sheas na clachan sin gus an là an-diugh,
Gun atharrachadh no sgàile tionndaidh,
Ach a-mhàin còinteach
Air an aghaidh.

Ach dh'fhalbh sibhse a dh'aindeoin an deilbh;
Cha do chùm ceimiceachd sibh ach mar ìomhaigh,
Ged a bha sibh le chèile cho treun, gnìomhach,
Nur clachan beò nach gluaiseadh gaoth no stoirm,
Gun eagal ro bhochdainn no ro ghalar,
Ro uachdaran no ro bhàillidh,
'S sibh le chèile an sàs gu fonnmhor
Ann an clachaireachd na beatha,
A' togail an taigh ùir,
A' togail an teaghlaich,
Gàrradh mòr nan ginealaichean.

Dè a chunnaic sibh an latha ud,
'S sibh nur suidhe mu choinneamh a' chamara,
'S Iain a' bruthadh a' phutain?
Bha sibh sgìth, air ur claoidh
Le saorsainneachd shearbh ur latha,
Ur n-aodainn air an treabhadh le cruadal,
Ach fhathast bha ur sealladh geur,
Clachan ur sùilean fosgailte.

Am faca sibh am peilear beag solais
A' sitheadh chun a' chamara,
Gur reothadh na bhroinn,
Agus a' dol ann an clisgeadh
Do dh'eanchainn Iain?

Am faca sibh na clachan mòra a' tuiteam,
'S an gàrradh-teaghlaich a thog sibh le spàirn
A' falbh às a chèile,
'S gun duine
Air fhàgail
Beò?

IAIN AGAINN FHÌN

Aig Arras cha robh do smuaintean
Air poll no eabar no uamhas,
Air gunnachan mòra le nuallan
A' tilgeil shligean gun truas annt',
A' treabhadh talamh torrach na uaighean,
No air cuirp a' grodadh sa bhuachair,
Gun sealladh air latha na buadha;
B' e do dhleasdanas bu dual duit,
'S thill thu bho thaobh thall nan cuantan
Gu feachd Earra Ghàidheal 's nan Sutharlan;
Tìr nam beann 's nam breacan uallach
Ann an èiginn – 'Dìon do dhualchas!'

Ach bha do smuaint sa mhionaid uaire
Air obair earraich san eilean uaine,
Teaghlach a' cosnadh lòn le cruadal,
'S do mhiann a bhith le crann a' gluasad,
A' gearradh sgrìob gu treun tron chrualach,
A' cur an t-sìl le dòchas buannachd
Fa chomhair nan geamhraidhean fuara.

Bheuc an gunna mòr gu suaicheant',
Sanas-maidne blàr na buadha,
'S leum thu, Iain, far na bruaiche,
Toirt taic dod chomanndair uasal;
Am peilear guineach, beag cha chual' thu,
Tighinn le fead 's do dhàn san luaidh' aig',
Bho fhear-cuims' bha falaicht' bhuatsa;
Thuit thu le lot nach gabhadh fuasgladh;
Geamhradh na fala a' toirt buaidh ort.

'Iain Againn Fhin', bu truagh e,
Sìnte anns a' bhàs neo-bhuadhmhor,
'S na ceudan ghaisgeach marbh ra ghualainn –
Earrach searbh an Arras uaignidh.

CALUM A' GHOBHAINN

Ghabh mi sràid thugaibh, a Chaluim,
Shìos an siud ri taobh a' chladaich,
Mar a rinn mi tric nam bhalach,
A' sireadh sgeul no fios mun bhaile,
Eachdraidh mo dhaoine nach maireann,
No bàtaichean a chaidh a phrannadh
Air na sgeirean corrach, greannach,
Agus gheobhainn agaibhse am pailteas,
'S sibh nur suidhe a' cur lasair
Ri ur pìob son toit thombaca.

Cha robh nì sam bith a thachair
Nach robh geur nur cuimhne fhathast,
'S chluinninn sibh gu grinn a' labhairt
Le osna ghaothach, shaillt' na mara,
'S sibh le tlachd a' gabhail blasad
De ur n-òig' cur seòl ri crannaibh,
Dol do dh' Ai' nan Gobhar le bathair,
Giomaich, creachain, agus partain.
Bu tric a rinn sibh fhèin an t-aiseag,
Ràimh nur dùirn, is leòis air bhasaibh.

Os ur cionn, a' cumail taic ribh,
Bha bodachan-sàbhaidh a' sìor charadh,
Nùll 's a-nall, b' e fhèin nach stadadh,
Bhon a rinn sibh e ler lamhan,
Ler mac-meanmna is ler n-anail.

An taigh bha agaibhse, a Chaluim,
B' e siud an t-oilthigh bh' aig a' bhalach,
'G èisdeachd ris gach uile fhacal
Thigeadh às ur ceann le caithream,
Mar dhealbh beò a' tighinn thairis,
Uinneag mhòr air saoghal fada.

Ach an-diugh, 's mi leantail faileas,
Cha robh an taigh agaibh am fagas,
Cha mhotha bha a' cheàrdach shnasail
Leis a' bholg bha dèanamh acfhainn.
'S e bha romham ach an tamhasg
De na làithean ud bu ghasd' leam:
Fàrdaichean le iomadh annas,
Goireas fuadain a' cur snas orr'.

B' fhad' on chaochail sibh, a Chaluim,
'S a thàinig coigrich a ghabh thairis,
A rinn ùr-thogail air ur starsaich,
'S a rinn gach cuimhneachan a chreachadh.
A-nis tha nead ur dualchais falamh:
Chan eil an siud ach saothair amaid,
Ealantachd nam baothran beairteach.

'S thill mi nochd leam fhìn fo smalan
Gu searbh ag ionndrainn blàths ur caidribh –
Ach tha 'm bodachan-sàbhaidh fhathast
A' cur char am broinn mo chlaiginn.

EACHANN CEANADACH

Mar chuimhneachan air Eachann Ceanadach anns a' Mhòintich, a bhiodh a' seinn òrain Bàrd Bhaile Mhàrtainn nuair a bhithinn fhìn is Eric Cregeen a' tadhalt air.

Cluinnidh mi ur guth fhathast, Eachainn,
'S sibh a' seinn gu neartmhor sòlamaichte,
'Is muladach mise 's mi 'n seo gun duin' idir',
'S mi fhìn is Eric uasal Manainneach
Air ar beò-ghlacadh ri taobh ur teintein,
Air ar n-aiseag ceud bliadhna air ais
Air fonn siùbhlach an dualchais,
'S m' inntinn-sa air a spreigeadh
Le ùidh eòlais a mhair
Gus a' mhionaid seo.

An-diugh tha ur taigh iriosal cho lom,
Air a ghlasadh an siud air cnoc aonaranach
Os cionn Eaglais eireachdail na Mòintich
Far an seinnear na laoidhean maireannach,
Laoidhean Shioin air bilean nan coigreach
Nach cuala riamh mu Bhàrd Bhaile Mhàrtainn.

'S chan eil sibhse an làthair gam fhàilteachadh
Anns an fhàrdaich ud ri taobh an rathaid:
Chan fhaic mi ur n-aodann leathann laiste
A' fosgladh an dorais anns na tobhtachan fuara:

Ach, ged a bhitheadh, cò an-diugh
'A thuigeadh no thogadh no sheinneadh leat dàn',
Mar a sheinn mi fhìn is Eric e còmhla ribh
Air a' mhadainn cheòlmhor àlainn ud?
Tha iad uile ann am Manitòba
Nam machraichean sìorraidh.

Is muladach mise gu dearbh
'S mi 'n seo gun duin' idir,
'S fuachd latha ùr an uamhais seo
Gam lathadh.

CÀNAN
IS DUALCHAS

A' CHAILLEACH

Ged a bha thu beag, cha robh thu bog:
Bha do chnàmhan air an cruadhachadh
Le bliadhnachan mòra de shaothair,
Linntean fada a' dol o ghinealach gu ginealach,
Gach cinneadh is treud anns na crìochan agad
Gad ghabhail orra fhèin, 's tu fhèin cho toilichte
A' toirt cothom dhaibh an smuaintean a chur an cèill,
A' cur cumadh air am beatha, air an sealladh-saoghail,
Nad mhàthair-altraim o bhreith gu bàs,
A' cumail cearcall-màis ris an fhàrdaich,
A' cladhach gu domhain ann am feannagan nam facal,
Eadar earrach is foghar, samhradh is geamhradh,
A' riasladh 's a' ruamhar le cas-chrom,
Air monadh 's air cladach, air muir 's air tìr,
A' falbh le cliabh air do dhruim,
A' cumail smachd air do theaghlach mì-rianail,
Mì-riaghailteach, mì-dhoigheil, mì-dhiadhaidh,
Gus an tàinig mu dheireadh an aois ort fhèin,
'S thòisich na h-uilt air gèilleadh,
'S na ròineagan air liathadh;
Ged as iomadh aon ded chloinn a chuir thu romhad.

Rinn sinn ar dìcheall do chumail gu seasgair,
Ach cha b' ann gun strì, 's tu am feum frithealadh.
Cha dèanadh an taigh-tughaidh an gnothach tuilleadh,
'S tu air fàs spaideil, mas fhìor. Bha thu fhèin coma
Airson a' bhìdh Ghallda, 's an arain mhilis.
B' e brochan dubh an eòrna a b' fheàrr leat.

Ach bha do chlann a-nise a' tighinn gu latha
Ann an ceithir ranna ruadh an domhain,
'S a' gabhail deagh bheachd orra fhèin,
Fada bho na feannagan, fada bhon chruadal,
Fada bhon bhuachair 's bhon bhuachailleachd.
B' fhèarr leothsa an uaisleachd shaoghalta,
An *chilli con carne* seach a' mharag dhubh.

Chuir sinn thu ann an taigh-fasgaidh,
Far am faigheadh tu deagh aire bho choigrich,
Is theich sinn fhìn gu na fàrdaichean beaga buannachdail,
Far nach fhaighear teine am meadhan an làir
No cabar-saoidh no salachar no sian a bheir toibheum
Do ghleans an t-soirbheachaidh 's an leasachaidh.

Ach bu bheag leatsa sin.
Ged a tha thu a' call d' analach,
Thèid agad air deagh sgread a dhèanamh fhathast,
Agus cluinnidh sinn thu ann an sàmhchair na h-oidhche
A' briseadh sìth ar cogaisean,
'S tu a' glaodhach, 'Cuin a gheibh mise
A-mach às a' ghainntir seo?'

SGOIL THAOBH NA PÀIRCE

Piseach is àgh air Sgoil Ghàidhlig a' bhaile
Tha ga seòladh an-dràsd' an Lìt' àghmhor nam marsant',
Far am b' àbhaist gach bàta bhith làn leis gach bathair,
Is teanga nan Gàidheal air gach clàr air a h-aithris.

Gun seòl an sgoil ùr air cùrsa bhios daingeann,
Toirt buaidh air gach cruadal, gach stuagh a thig tarsaing;
Gun toir i dùbhlan le tùr do gach spùinneadair mara
A nochdas 's e 'n dùil nach eil an iùbhrach seo fallain.

Chaidh a togail gu brèagha an Crois na Cìse le ealain,
Coinneach Neal leis gach innleachd gu gnìomhach ga
    snaidheadh;
Mòna mhìn's i a' strì ris a' chiad ghainnead acfhainn,
'S gun chinnt' am biodh sìd' aic' bhiodh a' lìonadh a slatan.

Chaidh a stiùireadh gu h-uasal 's gu buadhmhor le Anna
Gu Lìte nan Long, laimrig phongail an fhasgaidh;
Dh'fhàg i chabhlach na dèidh anns an rèis chun a' chalaidh,
'S i togail gu h-àlainn ainm na Gàidhlig mar bhratach.

Guma slàn bheir i 'n t-aiseag do gach balach is caileig
A labhras sa chànain a bha air Ghàidhealtachd 's air Mhachair;
Gun toir i tlachd do gach pàrant thèid gu h-àrd anns na
    crannaibh,
Far am faic iad a' Ghàidhlig aig a bàrr sa phrìomh bhaile.

DWELLY

Bha na maoir aig an doras,
A' bualadh 's a' bualadh,
Na fiachan a' torradh,
'S a' bhochdainn gur gluasad:

Cha b' e bochdainn ur pearsa,
Ach cruaidh-chàs na Gàidhlig,
Is faclair fa-near dhuibh,
Bha gach latha gur sàrach',

A' clò-leagail gach facal
Bho gach sgalag is sgoilear,
Air an ruigeadh ur beairteas,
Ged bu bheag e, gu toileach.

'S ged bha na maoir neartmhor,
B' e ur gàirdeann-s' bu treasa:
Chùm sibh oirbh leis a' bheairt ud
Gus an robh an clò deiseil.

Agus chuir sibh nar n-earbs' e,
An fhighe-fhacal a b' àillidh
Thàinig thugainn an eachdraidh
Uasal-chànain na Gàidhlig.

'S bidh am faclair mòr agaibhs',
A' seasamh gu bràth dhuinn –
Ciamar nì sinne, a charaid,
Ar fiachan dhuibhse a phàigheadh?

BRATACH NA GÀIDHLIG

Mar urram air 15mh Còmhdhail Eadar-nàiseanta na Ceiltis a chumadh ann an Oilthigh Ghlaschu san luchar 2015.

Bratach na Gàidhlig, togaibh gu h-àrd i,
Bratach na Gàidhlig an Glaschu ri crann:
Bratach na Gàidhlig a' crathadh gu làidir,
'S cluinnidh gach àite a faram 's a srann.

Seo an crann-tàra chuir Tòmas an àird dhuinn,
Ag innse dar càirdean mun Cho-dhàil a bhiodh ann,
'S gach mac is nigh'n màthar le gràdh do ar cànan
A' tighinn le bàidh dhi thar mhara is bheann.

O dheas is o thuath dhinn, chruinnich an sluagh seo,
Ceiltich nam buadhan tha uasal mar chlann,
Le eòlas a' cnuasach freumhan gach dualchais,
Le òraidean buadhmhor is cruas anns gach ceann!

Na gaisgich bha làidir, fhuair iad urram an là ud,
Nansaidh is Màrtainn is Seòsamh nan lann,
Elmar an sàr-fhear thug comraich don Ghàidhlig –
Rinn iad fuaimean a chlàradh gan cumail bho chall.

'S e Glaschu an t-àite san do thionail na sàir seo,
'S e Glaschu an t-àite chuir a' bhratach ri crann,
Is guidheam gu bràth dhaibh cliù a bhios àghmhor,
Ag oideach' nan àl nach leig leatha fàs fann.

NOTA

Thugadh ceuman urramach do Nansaidh Dorian, Màrtainn Ó Murchú, Seòsamh Watson agus Elmar Ternes aig Seirbhis an Fhosglaidh. 'S e Tòmas an t-Àrd-Ollamh Tòmas Clancy.

SLABHRAIDH NAN LINNTEAN

Slabhraidh nan linntean, gar ceangal gu cinnteach,
Slabhraidh nan linntean toirt brìgh do ar dàn:
Slabhraidh nan linntean, gar ceangal rir sinnsir,
Slabhraidh nan linntean, air a filleadh le gràdh.

Sin agaibh an t-slabhraidh a thairgeas dhuinn eòlas
Air dòighean nan daoine bha beò anns an àit',
Gach machair is achadh san robh iad a' còmhnaidh,
Gach tobhta is làrach far an do chaith iad an là.

Sin agaibh an t-slabhraidh tha labhairt gu deònach,
Mu na thachair san àm a tha ceòthach an-dràsd',
Gach gineal le sgeulachd, le binneas is dòrainn,
A' ceangal nan linntean le ceòl agus bàidh.

Ach is fhurasd' an t-slabhraidh a chall le cion aire,
Is ma bhristear aon tinne, caillidh nithean an stàth:
Cha bhi annainn ach faileas, seach daoine le anam,
Dol air seachran gun aithne, air achaidhean bàn'.

Mas math leinn gum mair i gu fallain 's gu fada,
Nì ola chàirdeil na Gàidhlig a glanadh o sgàil:
Às aonais a h-acfhainn,* chan fhad' bhios aon chamag
Air fhàgail san t-slabhraidh as acair dar dàn.

* Tha am facal 'acfhainn' a' ciallachadh an dà chuid 'salve, ointment' agus 'harness, equipment'.

ÀBHACHDAS, AOIR IS FEALLA-DHÀ

AN RAMALAIR RÙISGT'

O, fàilt' ort fèin, a Ramalair Rùisgt',
'S tu thogas sùnnd nar cridhe;
Bhon tha an samhradh tarraing dlùth,
Gum bi do dhùil ri tilleadh.

Nuair thogas tusa mach a' triall,
Cha bhi aon stiall mud mheadhan;
Is beag ort uisge, gaoth no grian,
Bhon tha do bhian cho righinn.

Cha bhi thu fulang pian no cràdh
Ma thèid thu 'n sàs san sgithich;
Chan fheum thu ola ort no plàsd,
'S gach alt dhìot làidir, sgiobalt'.

Gach uair a nochdas thu sa chùirt,
Gun chlùd mu choinneamh breithimh,
Gun tèid do dhìteadh son do bhùirt,
'S chan fhaic aon sùil do sgilean.

Oir 's tusa bheir an dùbhlan cruaidh
Do dh' uaisleachd thruagh ar cinnidh;
Le rudhadh Edein air do ghruaidh,
Bidh Àdhamh buan nad innidh.

Air ais gu Nàdar tha do thriall,
Seach riasladh mòr ar linne;
Gum bi 'n àrainneachd nas brèagh',
'S do cholainn lìomht' ri drithleann.

Ach seachainn Eilean anns an Tuath
Bheir buaireadh mòr dod mhionach;
An sin tha cuileag bheag nam buadh,
A bhios gun truas gad ithe.

Nuair bheir i criomag às do mhàs,
Cha bhi am bàs nas miosa;
Le neart a sàth, gun leum thu àrd,
'S chan fhàg i cnàmh gun mhilleadh.

O, Ramalair Rùisgt', a thog oirnn sùnnd,
Is beag do dhùil ri tilleadh,
Nuair thig an Dùbhlachd nimheil chiùrrt'
Chur smùid air feadh gach slighe.

GAISGEACH DHÙN BLATHAINN

Brosnachadh-catha do dh'Anndra Moireach.

Nach fhaic sibh am fear ud, cho smearail a' gluasad,
A' leum mar an searrach far bhearradh is bhruachan,
A ghàirdeann cho neartmhor ri meatailt nam buadhan,
Am peilear a' feadail, 's e gan leagail nan cruachan.

Siud e mach air an rèidhlean, is èigheach mun cuairt da,
Chur a' chath ann an èiginn, mar a dh'fheumar san uair seo;
Bidh am Frangach a' gèilleadh le gleusan a bhualaidh,
Fear nan Cearc air a lèireadh aig treun-fhear mo luaidh-sa.

Gun suath e a mhalaidh, 's bonaid aige mu shùilean,
A' ghrian 's i ga dhalladh, 's am fallas cur smùid dheth,
Ach siùbhlaidh e 'n t-achadh, 's a chasan cho lùthmhor;
Cha bhi cothrom aig racaid, fhads a mhaireas e sùnndach.

O Anndra, a charaid, à Dùn Blathainn nan cluaintean,
Seall thusa do Shasainn spiorad Alba 's i buadhmhor;
Cùm suas an deagh bhratach – 's chan e Jack tha mi luaidh air –
Gus am faic iad 's gum fairich iad nàdar ar cruadail.

Ach seachainn connspaid mhì-reusant' is cùm do cheum uasal,
Seachainn Bhènus 's Serèna, na reultan mòr' suaicheant';
Ma gheibh iad sin grèim ort, bheir iad gleus air do chruachan,
'S cha chuir 'Gaol gu da-fhichead' aon dìon ort san uair sin.

Till thugainn an cabhaig à Wimbledon uaibhreach,
Leis na mnathan cho fasant', 's na balaich cho snuadhmhor,
'S an Dùn ud a' Bhlathainn bidh falaisg is luathghair,
Bhon chuir am Moireach òg crasgach sad às na h-uaislean!

BLÀR NAN RADAN AN STEÒRNABHAGH

Bàt'-aiseig nan radan, 's i th' air m' aire an-dràsd',
'S mar thàinig na biasdan air tìr mar a' phlàigh,
An Steòrnabhagh àlainn nam bùithtean 's nan sràid –
Bidh cuimhne gu bràth air an seòltachd.

An dèidh dhaibh bhith riasladh fad bliadhna sa chuan,
Thog an Sgiobair Mòr Radanach suas a dhà chluais,
'S thòisich gach ròineag na fhiasaig air duan,
'S e faireachdainn buaraidhean Leòdhais.

'Mur bheil mis' air mo mhealladh tha aca deagh chàis',
Is sìol tha cho brìoghmhor ris a' chruithneachd as fheàrr,
Is seòlaidh sinn dìreach do chaladh mo ghràidh,
Far am faigh sinne fàilte cheòlmhor.'

Nuair dh' èirich na cailleachan madainn Dimàirt,
'S a sheall iad le tlachd a-mach chun a' bhàigh,
Chunnaic iad iùbhrach nach bu diù leis a' cheàrd
A' tighinn gu tràigh gu beòthail.

Thuirt Magaidh ri Peigi, 'Cheeri an-dràsd',
Gus am faic mi na towerists le cluasan cho àrd,
Le sròinean cho fada is fiasag mum bàrr –
Cruise-ship le sluagh, tha mi'n dòchas.'

Ach theab ise fannachadh muigh air an t-sràid
Nuair thàinig na creutairean liath ud gu làr,
A' siubhal le trotan gu Sràid Chrombail gun dàil,
'S iad ag ithe gach càis' le sòlas.

Chan e idir an càis, ach gach briosgaid 's gach bùth,
Cha robh criomag air fhàgail nach do chuir iad nam brù;
Cha robh spiligean an Tesco, no nì le mìr sùigh,
Nach do shluig iad le sùnnd gu deònach.

Chuir iad fios suas gu Coinneach 's thàinig e fhèin,
Le recòrdair beag spaideil, 's rinn e agallamh ghleusd';
'Cha bhi duine sa Ghàidhealtachd nach toir dhuibh a spèis
Nuair bhios e ag èisd' ris a' phrògram!'

'S an sin chaidh na radain a mhire ri Mòr,
'S bha Flòraidh a' dannsa le sùnnd agus ceòl,
'S chaidh Aithris an Fheasgair na bhreislich gun dòigh,
'S na radain a' seinn len còisir.

Nuair chuala an dùthaich an ùpraid ud shuas,
Chuir Daibhidh an Nèibhidh gu luath don taobh tuath:
'S an caladh mòr Steòrnabhaigh chuir iad gu cruaidh
Blàr nan Radan le luaidhe 's fòirneart.

Fad bliadhna is seachdain bha iad a' sabaid san àit'
Mus do spad iad na radain a thàinig sa bhàt':
'S mar chuimhn' air a' bhatail dh'ainmich iad sràid –
'Sràid an Rat-reud', gu bòidheach.

PS
Cha tig bàt'-aiseig nan radan do Thiriodh gu bràth;
Chan eil sian anns an eilean a thigeadh rin càil;
Tha 'n Co-op cho falamh 's gun spruilleach air làr,
'S gun aran no càis' no eòrn' ann.

FEAR NA TROMPAID

Seinnidh mi mo thrompaid, gu làidir is gu fonnmhor,
O seinnidh mi mo thrompaid le sòlas,
Gus an cluinn na slòighean nach eil mise gòrach –
'S bàrr na bròige dhaibhs' ris nach còrd mi!

Tha ceangal a'm ri Leòdhas is tadhlaidh mi le leòm ann,
'S silidh mi mo dheòir anns an t-seòmar,
Far an robh na h-òige mo mhàthair a bha deònach
Dol do Thìr an Òir seach bhith brònach.

Tha m' aigne air a lìonadh le urram dhi tha brìoghmhor,
Is nì mi rud as fhiach le mo stòras:
Gheibh mi caman sgiamhach is cnapag shnasail lìomhte,
Is sgiathaidh mi do dh'Albainn gu dòigheil.

Tha itealan tha glòrmhor deiseil dhomh an-còmhnaidh,
'S i sgeadaichte le sògh ann an òrdan;
Tha mo phròis a' seòladh os cionn beanntan Leòdhais,
'S mi sealltainn orra sìos tro na sgòthan.

Nì mi beagan fuadaich air daoine san taobh thuathach,
Gus an rèitich mi àit' uasal son spòrsa,
Raon sam bi na h-uaislean a' bualadh bhall le suaimhneas,
Gan amas air na tuill bheaga bhòidheach!

Bidh mire feadh na tìre nuair a nì mi cìnnteach
Gum faic iad gach nì a bheir m' òr dhaibh:
Tha 'm Bradan 'g iarraidh sìnteas a bhios gu leas na sgìre,
'S cha chuir e idir stad air mo sheòrsa!

Togaidh mi taigh-òsda a bhios na adhbhar ceòl dhaibh,
Seach tobhtachan grod an luchd-còmhnaidh,
Cuartaichte le lòintean is pàircean àlainn òirdheirc,
Le sealladh mòr gu Niribhidh gun cheò ann.

Ach, O, mo chreach-sa thàinig, dè tha siud air fàire?
Na cruinn-ghaoithe ghrànda – mo dhòlas!
Mura faic mo chàirdean sealladh gun aon sgàil air,
Cha chuir iad idir fàrdain nam phòcaid!

Am Bradan ud tha dalma, bheir mi air am marbhadh,
Gach cealgair' a ruaig às mo chòir-sa:
'S mise a tha riaghladh a-nis air feadh na tìr' seo,
'S feumaidh e bha sìnte rim òrdan-s'.

Chan eil idir creutair nì bacadh air mo ghrèim-sa,
Is leamsa an speur is na sgòthan!
Anail tha nan creubhaig, chan fhaigh iad cead a sèideadh,
Mur' dèan iad siud am bèic do mo mhòrachd-s'!

Mura faigh mi m' iarrtas, teichidh mi le mì-thlachd,
'S gheibh mi spiris ghrinn son mo phròise;
'S nì mi gu math cìnnteach gum bi mi fhìn a' riaghladh
Nam Rìgh air Tìr Shiar ud an Dòchais!

AM BODACH

Tha dealbh-snaidhte de Dhiùc Chataibh, ris an canar 'Am Bodach', na sheasamh àrd os cionn baile Ghoillspidh.

Siud thu fhèin, a Bhodaich uaibhrich,
Nad sheasamh àrd air do spiris chloiche,
A' toirt dùbhlan (mas fhìor) do na siantan,
'S gaoth is uisge, grian is gealach,
Gad chriomadh 's gad chagnadh,
Gad itheadh 's gad bhleith,
Beag air bheag,
Uidh ar n-uidh,
Eag an siud 's eag an seo,
Spealg a' gèilleadh,
Spal a' dìobradh,
Aol a' dol na ghainmhich,
Clach a' cnàmh 's a' tuiteam,
Gad thanachadh 's gad chromadh,
Gus am fàs thu cugallach, cam-cheumach,
Gus an grod do chasan 's do bhunait,
Gus an tig an dàrna aois ort,
'S gus an tig thu leis an leathad
Le tàirneanach torannach na taingealachd,
'S tu marbh a-rithist, nad mhìle bloigh,
Ann an coilionadh na h-aimsir;
Chan fheumar spreigeadh no spreaghadh,
Oir coilionar gach ceartas
Le aicheabhail tìm
Seach dìoghaltas dhaoine.

Gus a sin, a charaid,
Gabh deagh beachd mu do thimcheall
Air d' oighreachd fharsaing, fhalaimh,
Agus air an sgrios a rinn thu
'S na lotan a dh'fhàg thu
Ann an Srath Nabhair 's Cill Donnain;
Beachdaich orra uile
Le do shùilean nach fhaic,
Leis na làmhan nach fhairich,
Leis a' chridhe nach ploisg,
Leis an eanchainn nach tuig,
Leis a' chogais nach taisich;

Agus leig fios do sheallaidh leis a' Bhàillidh,
Do shearbhanta dìleas, Pàdraig an Creachadair,
Gus am breithnich sinne a tha beò
Air an deifir eadar bàs is beatha,
Eadar saorsa is daorsa,
Eadar fradharc is cion fradhairc,
Eadar ciùrradh is cofhurtachd,
Ann an inntinn do leithid-sa;
Oir bu bheag tròcair a nochd thu
Ris na truaghain a fhuair a' bhàirlinn
Dheagh-rùnach,
Dheireannach,
Dheamhnaidh.

FEAR NAM BLÀR

Bu mhath an t-ainm a fhuair am Blàrach;
Fear nam Blàr a bh' ann gu dearbh;
Dol a chogadh thall thar sàile –
B' esan a dh'fhàg mise searbh:
Tha Iraq na adhbhar tàmailt
Do gach neach le gràdh gun chearb,
Leis gach spreaghadh tha san là seo
Cur ri àireamh mhòr nam marbh.

'Creidibh mise', thuirt an diùlnach,
'Tha armachd sgriosail, sgiùrsail thall;
Glacaidh sinn an Trusdair Brùideil,
'S sgriosaidh sinn a h-uile ball
Den inneal lèirsgrios leis an ciùrr e
Gach neach nach diù leis, luath no mall,
'S bidh an sluagh a' seinn gu sùnndach
Nuair bheir sinne fuasgladh dhaibh.'

Chaidh e fhèin is Fear na Preasa
Ann an cagarsaich mun chùis,
'S bha gach ceum den Adhbhar Bheannaicht'
Aca deas am beagan ùin';
Cha robh ann ach 'Creidibh, creidibh',
Ged nach robh an teistneas dlùth:
'Bidh an lèirsgrios mu ur ceannaibh,
Mura tog sinn oirnn le sùnnd.'

Mach a ghabh iad siud don fhàsach,
'S chaidh iad fodha chun na glùin,
Ann an gainneimh mhìn gan sàrach',
Saighdearan le blàths gam mùch':
Chaidh na rocaidean a chàradh
Gu Baghdad a' togail smùid,
Lasraichean a' lasadh fàire,
Cur a' bhaile àil' na smùr.

Cha b' e mhàin Iraq a reubadh,
Ach gach fear is tè gun iùl
Air an cur fo chìs na h-èiginn,
'S iad le eagal trèig' na dùthch';
Dìleab bhàsmhor ghrod as lèir dhuinn
A h-uile là le beum às ùr,
Aimhreit shearbh am measg nan treubhan,
Is Al-Qaida air an stiùir.

Sin dhuibh dìleab bhrèagh' a' Bhlàraich,
Fear nam Blàr a rinn an sgiùrs',
Fosgladh chothroman don nàmhaid,
Nàmhaid roimh' nach fhaca sùil:
Daibhidh Cealaigh, b' e an sàr-fhear
Thuig nach robh mìr stàth sa chùis –
Tha esan cuideachd fuar is sàmhach,
Pàisgt' gun anail anns an ùir.

ÒRAN AN 'ASTUTE'

Togam fonn nam maraichean
Tha cho tapaidh agus gleusda;
Gaisgich mhòr' nam fairgeachan –
Cò iad ach seòid an Nèibhidh?

Fhuair iad long cho snasail
'S a bha riamh sa chruinne-chè seo,
Is ghabh iad cuairt ga dearbhadh,
Dol rathad Linne Shlèibhte.

Gun seòladh i 's gun daidhbheadh i
Do aigeann a' Chuain Rèidhe,
Gu doimhneachdan gun amharas
Nach gabh tomhas le cion cèille.

'Astute', b' e siud a b' ainm dhi;
Mar mhuc-mhara bha an creutair;
Bha i cruinn is dubh is fada,
Le puinnsean grànd' gu beumadh.

Abraibh sibhse faram,
Nuair thug iad ainm don tè ud;
Bha 'n ceòl aig seann Bhritannia
Ag èirigh àrd sna speuran.

'We'll rule the world,' bha aca,
'And heaven help the natives,
Who try to take the mickey
From the gallant British Navy.'

Is thog iad orr' a dh'Albainn
Air splaoid gun fheum, gun reusan,
Gus am biodh na maraichean
A' faighinn beagan trèanaidh.

Thuirt Andy an dèidh tacain,
'Up periscope, right bravely,
To let these Scottish chancers
See the newest British Navy.'

Ach às a siud chan fhaigheadh iad,
'S iad glact' air grinneal Shlèibhte;
Nuair sheall iad leis a' pheriscope,
'S e 'n Drochaid bha nan lèirsinn!

Bha Andy bha cho aighearach,
Is cho bragail na chuid èididh,
A' glaodhach, 'What's the matter?
Have we snagged an anchor cable?'

'No, Sir', ars' fear-faire ris,
'I can see it on the radar;
She's stuck upon the gravel,
And we'll need a tug to save us.'

Nuair bha an tug dol faisg orra,
Gun do chuir i tolg nan slèisdean,
'S chosg an Crùn na muilleanan
Mus d'fhuair iad tuilleadh feum aist'.

Bu truagh bha càradh Andy,
'S an Admirality ga cheusadh;
Chan fhaigh e faisg air 'drochaid'
'S ann tha e nis na chlèireach!

‘Astute’ cha robh na balaich ud,
Ged bu ghasda an cuid Beurla;
Le ‘catalog’ de mhearachdan –
Gu dearbh, b’e siud an Nèibhidh!

ÒRAN NAN AISEAGAN

Na h-aiseagan, na h-aiseagan,
'S iad aiseagan an dòlais,
A chuir Mac a' Bhriuthainn Caileannach
A dhèanamh magadh òirnne:
Mur bi againn ceidheachan
A fhreagras air an seòrsa,
Chan fhad' bhios duine seòladh
Air bhàrr nan tonn àrd.

An Ullapul 's an Steòrnabhagh,
Tha 'n ceòl air feadh na fidhle,
Gun chinnt am faigh iad aiseag
'S gun alt ac' don 'Loch Seaforth':
Air a ceangal leis na ròpaichean,
'S cha seòl i mach à Grianaig,
Ged bhiodh gach neach ga h-iarraidh
Le miann agus càil.

Tha 'n geamhradh nis am fagas
'S bidh Mallaig gu math fiadhaich,
'S chan fhàg an 'LOTI' caladh
An Loch Baghasdail gu sìorraidh:
Gun cluinn sibh iad a' mionnachadh
Gu làidir feadh na tìre,
'S Aonghas 's e cho brìoghmhor
Ag innse mun càs.

Bidh Dòmhnall ann am Barra
A' toirt sad air luchd an dìmeas –
Na Barraich tha gus fannachadh
Le clàr-ama nach eil ciallach:
Gach neach am Bàgh a' Chaisteil
Gun chadal leis an riasladh,
'S einnseanan a' 'Chlansman'
A' stararaich sa Bhàgh.

'S shìos gu deas sna h-eileanan,
Chan eil fois ac' ann an Ìle,
Bhon ghoid iad am 'Finlaggan',
Am bàta snasail brèagha:
Bhon chaidh i Loch nam Madadh,
Tha gach cailleach call a rianachd,
'S a' cur ghuidhean fo a h-anail
Ri manaidsearan grànd'.

Tha gearan measg nan Tirisdeach
Nach tig am bàt' ma chìthear
Sgòth os cionn nan uisgeachan,
'S mura bi i fiathail:
Gach seòladh air a chansaladh
Air latha àlainn grianach,
'S gun aran ac' an Scairinis
No bainne san àit'.

Tha na Collaich is na Muilich
A' sabaid gu mì-chiallach,
Ag ràdh nach eil luchd-turais
Tighinn thuca fad na bliadhna,
'S nach fhaigh iad dol a mharachd
Nuair tha iad ga iarraidh –
Gach long 's i air a lìonadh
Le spruidhleach gun stàth.

Na h-aiseagan, na h-aiseagan,
'S iad aiseagan an dòlais,
A chuir Mac a' Bhriuthainn Caileannach
A dhèanamh magadh òirnne:
Chan eil fois ac' anns na h-eileanan
'S gearraidh iad gach sgòrnan,
A' cur a' chatha mhaireannaich
Gun stad gu Là Bràth.

GEAMHRADH DHÒMHNAILL 2014-15

Siud mar chuir mi 'n geamhradh tharam
Ann an Tiriodh 's stoirm gach latha:
Siud mar chuir mi 'n geamhradh tharam.

Falbh le coinnlean anns a' mhadainn
Leis a' mhilleadh rinn tein'-adhair,
Sporghail feuch am faighinn maidse,
Ged nach dèanadh aon dhiubh sradag.

Chaidh mi cuairt a-nùll am machair
Feuch am faicinn sgeul air aiseag,
Ach cha d'fhàg an 'Clansman' caladh –
Anns an Òban fad seachd latha.

Cha seasainn cas le neart na gaillinn,
Mo chorp ga lathadh aig na frasan,
Air mo bhogadh chun a' chraicinn,
'S na coin air iteig anns an adhar.

Cha robh tunnag anns a' bhaile,
Cha robh coileach, cha robh cearc ann:
Sgeul gu bràth orra chan fhacas –
Gus do land iad ann am Barra.

Na bionaichean a' leum gu bragail,
A' dannsa am fan-dango snasail,
Tilgeil sgudail feadh an achaidh,
'S iad a' tarraing teann air Canna.

An aon bhùth san eilean falamh,
'S mi gam tholladh aig an acras:
Cha robh feòil ann, cha robh aran,
No 'biadh deiseil' anns a' phlastaig.

Cuirm-chiùil am broinn an taighe
Is na h-oiteagan ga shadadh:
O, nan cuala sibhs' am blastadh
Is an ùpraid bh' aig gach maide!

Sin mo sgeul, a chàirdean gasda,
'S cha bu mhath gum biodh i agaibhs' –
Chuir an geamhradh mise thairis,
'S dh'fhàg e mi gun neart ga aithris!

A' CHOINNEAL

Nuair thainig a' Choinneal do dhùthaich nam beann,
Thuirt mise, 'A chàirdean, na lasaibh a ceann:
Tha an rud seo ro ùr 's chan eil ùidh agam ann –
B' fheàrr leam an seann rud, 's e as earbsaiche leam.

'Bu bhrèagha an crùisgean nuair bhiodh dorchadas ann
Gu bhith leughadh an leabhair ged bha an t-soillse cho fann:
Bha am fàileadh cho àlainn 's an lasair na deann
A' losgadh na h-ola le boladh gasda nach gann.

'Tha mise ceart coma ged dh'fhàsainn-sa dall,
Mo shùilean a' dùbhradh is saoi air mo cheann,
Ged nach b' urrainn dhomh idir bhith tuigsinn nan rann –
'S e 'n seann chleachdadh as fheàrr leam, seach gòraiche Ghall!'

Ach seall mi a-nise 's a' Choinneal dol leam
Nuair a shiùbhlas mi fada o dhùthaich nam beann,
A' tairgsinn dhomh solas gu bhith gabhail le srann
Tro gach duilleag san leabhar ged bhiodh dorchadas ann!

FEIS-CHIÙIL THIRIODH

Nam chadal sa ghàrradh gu srannrach an-dè,
Gun tàinig thugam fuaim làidir a-nuas às an speur;
Còmhlain is Ceòlraidh a' togail an gleus –
Dà cheud mìle bhuam ann an Eilean na Fèis!

Bha gach druma a' bualadh le buille bha mòr,
Gach feadan is trompaid a' fosgladh am beòil;
Gun cluinnte an t-sraighlich na thàirnean fon sgòth –
Mar Chath Armageddon ga iomairt le deòin.

Bha an t-Eilean bha Ìosal a-nise a' leum
Gus am faicte Beinn Haoidhnis air an astar gu rèidh;
Bha Ball Beag a' Gholf a' deàrrsadh sa ghrèin,
'S e cur charan gu snasail is Mànran ri sèisd!

Bha ceòl na Sgeir Mhòir a' cur luasgadh sa chuan,
Sunàmaidh binn àlainn a' briseadh mo chluais;
Gach muc-mhara is cearban ri marcachd nan stuagh,
'S am fallas gan dalladh – b' e sin ceò a bha buan!

Chan fhaiceadh am maraiche astar a shròin
Anns an t-sìoban bha siabadh bho earball gach ròin;
An fhaoileag gu h-aoibhneil a' danns' leis a' chòrr',
Agus Gille Brìghde le ribheid cumail tìm ris na seòid!

Air machair na Ruighe bha an crodh dol à rian,
Agus Mathan Mòr Donn toirt ceòl às am bian;
Aon slìobadh le spògan is thogadh iad sgriach –
Cha b' e nuallan a bh' aca, ach fonn a bha brèagh'!

Bha gach Fidheall bha Laiste ruag dorchadas oidhch',
Gach gleus gum bu lèir dhut, ged nach biodh agad soills';
Bha gach bodach is cailleach, le lòinidh nam buill,
A' fàgail na cagailt 's a' dèanamh steapaichean gruinn!

Ars' an Dotair còir Holliday, ''S e sòlas dhomh a th' ann
Gun d'fhuair iad siud fradharc is comas nam ball;
Bean Sheumais Ruaidh, tè bha cuagach is dall –
Gun do land i am Barraidh nuair chaidh i a dhanns'!'

Bha Sgibinis ealant', sin an cleachdadh bu dual,
Làmh Aonghais air bocsa, 's pìob aige na ghruaidh;
Bha Flòraidh a' ruidhleadh gus an do ràinig i Ì,
Leis cho beòthail 's bha 'n ceòl ac' an Eilean Thirìdh!

Na sìthichean beaga, theich a-mach às an t-sìdh,
Ag èigheach, 'Nach stad sibh bho bhriseadh na sìth!
Tha sinne fon talamh, agus glè fhada shìos,
Ach chan fhaigh sinn a chadal le faram nam pìob!'

Cha robh oisean san eilean far nach fhaicte an sluagh;
Na taighean-òsda cur thairis, agus teantaichean shuas;
Bha CalMac a' tachdadh leis na bh' aca rin gluas'd,
An Lean-To air tràghadh, gun sian rachadh sa chuaich!

An ceòl ud san iarmailt, cha robh leithid againn riamh;
Ged as ìosal an t-eilean, is brìoghmhor a sgiamh;
Bidh an t-Eilean nis ainmeil fad iomadach bliadhn' –
Ma mhaireas an talamh, 's nach tèid an Fhèis às a ciall!

AN LATHA A BHÀSAICH A' GHÀIDHLIG

Bha Ball air a chasan sa Phàrlamaid
Ag innse mu mheud a ghràidh-san dhi:
Cha bhruidhneadh e facal
Ach cha robh sin na bhacadh –
Bu toigh leis a fuaim 's a h-àghmhorachd.

Bha sgoilear san oilthigh a' cnuasachadh
Luchd-labhairt na Gàidhlig sna Cùnntasan:
Bha solas na coinnle
A' tabhairt dha soillse,
Gus an do theirig an lasair le thùchanaich.

Bha fear anns an t-Sabhal le dianadas
A' bleoghann bò odhar an Riaghaltais,
Nuair bhreab i an cuman
'S a land e san sgudal,
'S am bainne a' sruthadh o chiabhagan.

Bha 'n sluagh anns an tuath ag àrdachadh
Cliù an t-Sàr Bhàird aig a' chàrn aige:
Nuair bha iad ga aoireadh,
Gun deach iad a chaoineadh
Nach b' ann idir sa Bheurl' rinn e bhàrdachd dhaibh.

Bha cailleach an sàs ann am faclaireachd,
Fad lethcheud bliadhn' 's i a' slachdartaich;
Nuair rainig i P,
'S ann chaill i a clì.
'S i sìnt' air muin duilleig 's i srranndaireachd.

Bha bodach aig Mòd 's e ri òraidean
Gun robh esan cho làn de dhòchas dhi:
Bha toll air an fhèileadh
Far am faicte a shlèisdean,
Ach cha robh sin a' cur stad air a bhòillich-san.

Bha tè ann an oisean is còisir aic',
'S i dalladh air 'Muile nam Mòr-bheanna',
'S a' togail a làmh,
'S a' tachas a màs,
'S a' sgreadail àrd-ghleusan dòrainneach.

Bha fiscals air bàta mòr Steòrnabhaigh
Is cead agus còir on Bhòrd aca:
'Mur dèan iad am plana,
Chan fhad' bhios i maireann –
'S e Chomhairl' bu chòir bhith ga beòthachadh.'

Bha Baile na Gàidhlig 's e fàsaichte,
Cha robh aon bhodach no pàisde ann:
Chan fhaigheadh iad obair,
Is theich iad, ma thogair,
A-nùll thar a' Chaoil a' gàireachdainn.

Bha Ollamh on Dùn thall san Eòrpachas,
'S e cur as a chorp mu na còirichean
Bha aig gach cànain
A labhradh o Àdhamh,
'S nach robh aig a' Ghàidhlig ach geòbalais.

Bha fear ann an Tiriodh gu h-àrdanach
A' sgrìobhadh fìor dhroch bhàrdachd dhuinn:
Dhèanadh e tàire
Is thogadh e gàire,
Ach cha b' fhiach a chuid bàrdachd fàrdain leinn.

'S e Coinneach aig Sgrùd rinn an tòrradh dhi,
Bhon is fhada 's is cian bhon a thòisich e
A' cùnntas gach bàs
A bha anns an àit',
'S gan cur air na graphs bhiodh a' còrdadh rinn.

Thug BBC Alb' an deagh naidheachd dhuinn,
Le prògram luma-làn le agallamhan,
Le Daibhidh mo ghràidh
'S am Bradan mòr dàn,
'S sheinn bean air a' chlàrsaich marbhrann dhi.

CRAOBH BHONSAI NA GÀIDHLIG

Ann an gàrradh an leasachaidh,
Gàrradh Èden nan coigreach,
Far am faighear gach nì math –
'S e sin, ma chreideas tu na chluinneas tu –
Tha craobh bhonsai na Gàidhlig
Sàbhaillte.

Siud i shìos – seall, shìos an siud!
Dè tha ceàrr air do fhradharc?
Eh? Bheil thu dall?
Bheil thu a' magadh oirre?
Bheil thu ri dìmeas?
Bheil thu a' magadh ormsa?

Seall, 'ille, anns an oisean ud,
Anns an oisean bheag bhìodach ud,
Anns an oisean bheag bhìodach bhìodach ud,
Siud i, ann an Oisean na Gàidhlig.
Thoir leat an gloinne-amhairc, ma tha,
Agus gun teagamh chì thu i na làn mhaise,
Ma tha neart a' ghloinne làidir gu leòr
Airson sealladh de na fìor mhion-chraobhan
Den t-seòrsa 'inntinneach' a gheibhear
Ann an lios ùr an leasachaidh
San eilean iomallach seo
Air oir iomallach an t-saoghail.

Aidh, tha thu ceart, tha i am measg nan annas,
Am measg nan ioghnaidhean, nan neònasan,
Na luibhean nach fhaic ach an t-sùil
A tha mion-eòlach air Flora Gadelica,
Sùil mhion mhionaideach nam mion-eòlaichean.
But don't get me wrong, a charaid –
'S e fàileadh nan duilleag as toigh leinne,
Agus an dath – cho glan, gorm, neochiontach.
Agus nach ann mar sin a bu chòir?
Aromatherapy, you understand.

Nach eil i àlainn? Seall cho mionaideach
'S a tha an duilleach aice, cho crìon,
Aon fhacal air gach duilleig,
'S nuair a bhios i abaich,
Bidh fichead duilleag oirre,
Is fichead facal.
Aiseirigh anns an oisean!

Sin agad a-nise craobh na Gàidhlig
San eilean seo. Moiteil, an duirt thu?
Tha sinne gus spreaghadh le moit,
Gu sònraichte ann an eilean gun chraobhan,
Agus a-màireach cuiridh sinn a-steach
Do Urras Leasachaidh an Leasachaidh
Tagradh airson tabhartas a bheir dhuinn
Mìle gàirnealair eile, a bheir dhi
Tuilleadh leasachaidh.
Tha feum air ath-leasachadh.

Bonsai, bull's eye.
Aidh.

SPORAN ALASDAIR

An sporan a th' aig Alasdair,
'S e mìorbhail mhòr a th' ann,
Agus 's math gu bheil e farsaing,
Agus domhain shìos fon bhann!

Gliong, gliong, gliong,
Cha bhi sinn idir gann,
'S cluinnidh sinn na sgillinnean,
A' dòrtadh às le srann.

Is math gu bheil am Mòd ann,
Oir 's toigh leam fhìn gach rann,
A tha sgrìobhte ann an airgead,
Is ceòlmhor do ar clann;

Diong, diong, diong,
Aig peàrtaidh mhòr nach fann,
Le òrain agus dramaichean
Is fèilidhean nam ball.

Agus cluinnear sporan Alasdair
Ceud mìle thall –
Is mòralachd nan notaichean,
A' tuiteam às – cho gann!

Donc, donc, donc,
Nach ann ort tha ghreann!
Dùisg, dùisg, Alasdair,
Chan eil gu leòr ann.

BEAIRT AN ÀRDAIN

Bidh beairt an àrdain a-ghnàth a' glagail,
'S a' cluich a spàla gu h-àlainn, bragail,
Gus an seall gach àite air stàth a tartain,
'S gach lag is làidir le h-àrdan glacte.

Gach aon ag ràdhainn, 'Tha àgh san tartan,
'S bu mhath an càrdadh bha aig na mnathan:
Bu mhath an snàithlean a bha sa mhalairt,
'S gach cas is làmh a bha a' dealbh a mhaise.

'Nach math, a ghràidh, nam biodh pàirt dheth agam,
Gus an seasainn àrd air gach làr is achadh:
Gus am faiceadh càch mi nam shàr-fhear gasda,
A' gabhail sràid air bhàrr beinn aig astar.'

Am fear bha sàraicht' cur snàth na caraibh,
Cha chluinnear càil mu a ghnàth no ghaisge:
Ged bhiodh gach pàirt dheth gu bàn a' fannach',
Air sgàth beairt an àrdain a chur a ghlagail.

LUCHD-TURAIS

Thèid sinne do Hiort le aighear nar ceum,
Nuair bhios a' ghaoth fuar is gruaim air an speur:
Nuair bhios na stuaghan a' bùirich 's a' beuc –
Bidh sinne cho treun nar dòighean!

Nuair bhios na tonnan a' bualadh an Dùin,
'S am bàgh 's e a' goil le sìoban is smùid,
Tein'-adhair a' sgoltadh na h-iarmailt gun diù,
Bidh sinne le sùnnd a' seòladh!

Ged nach cuireamaid cas no bodhag air tìr,
Bidh e na shòlas bhith faireachdainn tinn,
Tuainealaich ghasda a' spreaghadh ar cinn,
'S sinn ri gàire le pian nar sgòrnain!

Is sinne luchd-siubhal nan eileanan siar,
'S tha sinne ceart coma son gealach no grian:
Cha toireamaid sgillinn son fasgadh no dìon –
'S tha sinn math air na breugan mòra!

'Rinn sinn' na h-eileanan uile am bliadhn',
Chunnaic sinn rudan nach fhaca tus' riamh:
Tha sinne làn fhiosrach mu nàdar nan sliabh,
Is sgrìobhaidh sinn leabhraichean eòlach!

Bidh ar n-ainm a' cur maise air iomadach clàr,
'Guide to the Hebrides' air càch a' toirt bàrr:
Mo thruaighe na daoine tha fuireach san àit',
'S gun am fradharc nas fhaid' na an srònan!

NA GAISGICH ÙRA

Na gaisgich ùra, gur h-iad na diùlnaich,
A' leum gu lùthmhor le sùnnd air tràighean,
Air sgiathan siùbhlach a' ruith gach cùrsa,
Le siùil cho snuadhmhor os cionn a' bhàighe.

Tha iad cho rìomhach nan oillsgin lìomhte,
Dùint' mun craiceann is teann mum màsan;
An t-èideadh brèagha a tha cho sgiamhach
'S ag inns' gu cinnteach gu bheil iad làidir.

'S iad fhèin a gluaiseas os cionn nan rùitean,
A' cumail dìreach le brìgh an gàirdein:
Ged bhiodh sìd' an uamhais a' togail fuathais,
Mach gu luath leo air uachdar sàile.

Air chùl nan dlùth-thonn nì iadsan stiùireadh,
Sìos is suas air gach stuagh as àirde,
Ach corra uair gum buail an grùnnd iad,
'S bidh 'n car-a'-mhuiltein a' toirt orm gàire.

Cha toir iad smuaint do chunnart brùideil,
Is beag an suim do gach creig san àite;
Chan eil iad tùrail, 's cha toir iad diù dha,
Ged dh'fheumte 'coptair gan togail sàbhailt'.

'S ma chì thu cruinn iad air ceidhe còmhla,
Gu moiteil, pròiseil, a' falbh sa bhàta,
Gu bheil an còmhradh cho làn de bhòillich
Mun dòigh a bhuannaich iad cliù san àite!

FEARGAIDH MO RÙIN-SA

Òran-gaoil don tractar Ferguson TE20

Feargaidh mo rùin-sa, 's e Feargaidh mo ghràidh
An tractar bu bhrèagha bha riamh anns an àit';
A thoit bha cho àlainn, 's a shrann bha cho blàth;
Gur mise bha sàsaicht' 's a chuibheall nam làimh.

Ri cur no ri buain, ri gearradh no àr,
Dhèanadh Feargaidh beag àghmhor an obair a b'fheàrr;
Bha hydraulic na dheireadh le spuirean is spàrr,
Is thogadh e eallach gun trioblaid, gun chràdh.

'S e threabhadh an sgrìob, 's a dhèanadh am fàn,
Cho dìreach ri saighead, cho domhain, 's cho slàn;
Bhiodh eunlaith na machrach a' tighinn gach là,
Gus an togadh iad sealladh air ealain mo ghràidh.

Gun cartadh e innear bho chùlaibh na bàthch',
Is shlaodadh e feamainn le neart às an tràigh;
'S ann thogadh e 'n t-siteag ann an diog às a h-àit'
Le cumhachd nam fiaclan bha sìneadh bhon ghràp'.

Ri dìreadh na garbhlaich no siubhal nan càrn,
Bha grèim aig a chasan, 's cha rachadh e 'n sàs;
Nuair chluinneadh na caoraich a ghairm air a' bhràigh,
Gun tigeadh iad còmhla gun chù aig an sàil.

San fheasgar nuair theannadh an sgìos air gach sàr,
'S a bhiodh miann orra siubhal a fhliuchadh an càil,
Bhiodh am Feargaidh beag uasal gan giùlan don 'bhàr',
'S taobh muigh gach taigh-seinnse, bhiodh sreath
  dhiubh air blàr.

Aig suirghe no banais, cha robh tacsaidh no càr
Cho grinn no cho cuimir ri Feargaidh mo ghràidh;
Is iomadh fleasgach fhuair fàilte bhon chaileig a b' àill,
Nuair chunnaic i carbad cho snasail na dàil.

Don eaglais gach Sàbaid bhiodh muinntir an àit'
A' marcachd air Feargaidh le moit a bha àrd;
A-nall thar gach bealach gun cluinnte an gàir',
'S gach cailleach na suidhe air earball mo ghràidh.

O Fheargaidh mo rùin-sa, 's tu Feargaidh mo ghràidh;
Chan fhaca mi fhathast do leithid anns an àit';
Do chraiceann tha glas, le sùilean beag' bàn',
Is roithean dubh' daingeann nach sleamhnaich gu bràth.

COIMHEARSNACHD IS EAGLAIS

A' BHUAIN

Bha coimhearsnachd ann an uair ud
Is coimhearsnaich a thigeadh thar nan crìochan
Gu deònach gar cuideachadh,
Gu sùnndach gar neartachadh,
Gu h-èibhinn gar brosnachadh,
Le aighear nan ceum,
Ceòl nan cridhe,
Bàrdachd air am bilean,
Coibhneas nan corp,
A' cur an uchd ris a' bhruthach,
Agus an anail ris an obair.

Cuideigin a' spealadh,
Cuideigin a' togail,
Cuideigin a' glanadh,
Cuideigin air an inneal-bhuana,
Cuideigin a' tional sguaban,
Duine no dhà a' dèanamh adagan,
Duine no dhà a' toirt thugainn
Balgam tea a fhliuchadh ar càil.

Bu togarrach gach beum is dlò,
Bu bhrìoghmhor bòidheach gach stàth,
'S anns an fheasgar shuidheamaid
Mu bhòrd mòr na Deireadh Bhuana,
'S a' Mhaighdeann dhealbhach dhiasach
A' toirt dhuinn a toraidh.

Cha b' e facal faoin faileasach
A bh' anns a' bhuain an uair ud,
Ach neart is brìogh is ciall
Co-obrachadh coimhearsnachd,
Is spiorad is sealladh is spionnadh
Is dòchas is dùrachd is deagh rùn
Co-chomann ar beatha.

An-diugh tha na h-achaidhean falamh,
Gun seagal, gun choirce, gun eòrna,
Na goirtein gun treabhadh, gun bhàrr,
'S a' Mhaighdeann Bhuana
A' caoidh a cuid chompanach
'S gun duine beò a shuidheas
Còmhla rithe aig a' bhòrd.
Cha bhi sìol aice
Tuilleadh.

1 of 1

BAILE MHÀRTAINN

Madainn Shàbaid am Baile Mhàrtainn
'S na Sailm gar n-àrdach' gu dorsan Nèamh,
M' athair gràdhach gun uaill gun àrdan
A' labhairt Facal a' Ghràis gu sèimh.

A ghuth an-dràsda nam cheann gu sàmhach,
'S ceann-teagaisg Gàidhlig ga chur an cèill,
Mu Phòl sa bhàta 's an stoirm cho làidir,
'S na tonnan grànda as àirde beuc.

An Caladh Àlainn, b' e siud a dh'fhàg iad,
Gun smuaint, gun àmhghar, is oiteag rèidh,
'S an sin an gàbhadh 's an riasladh sàraicht',
'S bu truagh an càradh air cladach geur.

B' e siud a' Ghàidhlig, b' e siud a' bhàrdachd,
'S an cruth a b' àille dol air an sgeul,
Gun fhios gu bràth aig an duine mhàlda
Gun robh a mhac le mòr-chàil ag èisd'.

Ged ruitheas làithean le luas na spàla,
'S a dh'fhalbhas ràithean gu clis nan leum,
Mairidh àilleachd nam briathran gràsmhor
Gus an ruig am bàt' seo a caladh spèis.

Am Baile Mhàrtainn ri taic na tràghad,
Bidh pàirt gu bràth dhiom an siud gu sèimh,
San t-searmon Ghàidhlig lem athair gràdhach,
'S na Sailm gam àrdach' gu dorsan Nèamh.

SÒROBAIDH

Bhon Bhaile Nodha nùll,
Is speur is muir ri grèin,
An Ruighe is Beinn Ghot
Leam mar thìrean cèin:

A' mhuir na laighe gorm
'S ceòl nan Salm nam chluais:
Niall Ruadh a' seinn mun àit'
As àillidh, mìle uair:

An t-sèisd a' goid mo smuaint,
'S an dealbh cho soilleir sèimh:
Sòrobaidh air mo chùl –
A bheil mi dlùth air Nèamh?

TAIGH BEAN IAIN

Taigh Bean Iain, an taigh-cèilidh
Far am biodh na fir ag èisdeachd
Òrain, bàrdachd agus sgeulachd,
Le stiùireadh Iain, am fear gleusda,
Is 'Tìm an Òbain' aig' ga leughadh –
Saoghal farsaing, fìor na Beurla,
Toit nam pìob gu gorm ag èirigh,
Bodaich ghasda, bruidhinn èibhinn.

Taigh Bean Iain, an taigh-leughaidh,
Sluagh ga dhùmhlachadh ag èisdeachd
Searmon soisgeulach le èifeachd,
M' athair fhèin a' cumail sèisd riu:
Fuinn nan Salm, is ùrnaigh eudmhor:
Dùsgadh mòr gun diù don chlèir ann,
Daoine faotainn gràs nan èiginn.

Taigh Bean Iain 's e nis trèigte,
Gun ghuth air dùsgadh no air sgeulachd.

REOTHADH

Oidhche fhuar a' dol a Chòrnaig,
Sàbaid shleamhainn, rathaidean reòta,
Ar carbad dìleas dol gu deònach,
A' siabadh air an deighe sheòlta.

An t-seann eaglais ud cho fuaraidh,
Lampa buidhe seinn a dhuanaig
Os mo chionn fon lobhta dhuanaidh,
'S gach suidheachan le snag a' gluasad.

M' athair shuas am broinn na cùbaid,
Gàidhlig ghasda tighinn gu siùbhlach,
'S mise leughadh ainm nan diùlnach
Gheàrr an litrichtean gun diù innt':

'S na pufairean le ealain sgine
Snaidhte anns an dòigh bu ghrinne,
Seòladh air gach cabar fiodha,
'S toit ag eirigh asd' gu fiosrach:

Ann an siud gu h-àrd air cladach,
Eich a' tighinn leis na cairtean,
Gual ga chopadh annt' le gaisgich,
Togail ioghnadh anns a' bhalach.

Ach cha robh teas am broinn na h-eaglais,
Cha robh fùirneis innt' gar leaghadh:
Cha robh innt' ach brìgh an t-searmoin,
Tighinn gu rèidh le gleus on teachdair',

’S am Maighstir-sgoile a’ preseantadh,
‘Glencairn’ a-nochd, toirt dhuinn nan sreathan:
Coithional beag le bìog ga leantainn –
Bu mhath nach deachaidh sinn air seachran.

Sgaoil an eaglais ud gu h-obann,
’S tha i nis na tobhta fhosgailt’,
Gaoth reòt’ gun tròcair seòladh troimhpe –
’S mo chridhe-sa a-mhàin a’ plosgail.

EAGLAIS RUBHAIG

Is tric a tha mi innte fhathast,
Nam shuidhe aig an uinneig chùil,
A' gabhail beachd air eòin na machrach
A' sitheadh seachad air sgèith,
An crodh ag ionaltradh gu socrach,
Mòrag Curstaidh is Teon Ailig
Anns an t-suidheachan thall,
Is Mairead is Donnchadh
Is Eòghann Iain is Ceit,
'S na rudan-milis a' cnagail.

M' athair a' searmonachadh,
A' ghrian anns an àird an iar,
Am feasgar a' ciaradh,
An t-seinn cho briste, binn
À leabhar dearg 'Redemption Songs'.
'S mo mhàthair a' strì
Ri bocsa beag a' chiùil.

M' inntinn a' teicheadh gu toileach
Bhon t-searmon gu taighean Shathaluim,
Mo shùil a' rannsachadh nan speur
Gus am faicinn miann mo chridhe –

Shuas air fàire air a cùrsa à Barraidh
Bàta liath an Nèibhidh a' dèanamh toit,
'S i a' tighinn thugainn le fuasgladh
Ann an airc mhòr ar latha,
'S gun mìr arain Ghallda
Air fhàgail san tìr.

Lorgaidh sinn mana anns an fhàsach,
Agus gheibh ar n-ùrnaigh dhùrachdach
Freagairt bhlasda. Tha ar cridheachan
A' dèanamh gàirdeachas sùnndach
Aig doras na h-eaglais.

Is fheàrr leinn an t-aran
Nach do dh'fhuin sinn fhìn.

NOTA

Bha stailc sheòladairean ann am Breatainn ann an 1960, agus theirig an t-aran Gallda ann an Tiriodh. Bha mi anns an t-searmon fheasgair ann an eaglais Rubhaig nuair a chunnaic mi HMS 'Barrington' a' tighinn, mar a gheall an Riaghaltas.

ADHRADH A' CHLADAICH

Ghabh sinn a-nùll am machair,
Mise gun chabhaig 's dà chù,
Gus am faigheamaid altair is eaglais,
Far togamaid àrd ar cliù
Don Tighearna rinn nèamh agus talamh,
An cuan, am fearann 's gach dùil.

Far am faigheamaid sàmhchair on oiteig,
Gun choigreach a' caogadh a shùl',
Ann an eaglais nach do sgaradh le othail,
No aimhreit no eadhon mì-rùn:
Dh'fhairich sinn tràigh fo ar bonnan,
'S bha tìr agus tonnan leinn ciùin.

Thar a' chaolais bha Muile is Colla,
'S an fhairge cho gorm ris an speur,
Greasamul 's Sòthaidh is Gunna,
Timcheall mar bhallachan treun:
Cha b' e làmh mhic an duine, ge math i,
A sgeadaich an eaglais-s' da threud.

Shuidh sinn an cuaraidh bha daingeann,
Às an do ghearradh a' chlach airson stèidh
Is ballachan buan do gach aitreabh,
A thoirt fasgadh bho mhosaich nan speur:
B' e seo gu dearbh dealbh na carraig
Bh' aig gach àl a ghabh anail dan clèibh.

2 of 2

Bha an trìlleachan beag le a ribheid
Ag innse mu mhaise a Dhè:
An gille-brìghde a' gleusadh an fhidhill,
A' toirt binneas à iomadach teud:
Rinn faoileagan sgriach a thug clisgeadh
Às na coin mus do shuidh iad le chèil'.

An siud bha na Sailm leam cho taitneach,
Gach rann a' tighinn thugam le spèis,
Bu shaidbhir mo chrann-s' air an talamh,
Chan iarrainn gu bràth cruinne-cè:
'Bidh ainm-san buan,' sheinn a' charraig,
'Leig do chuthdrom ormsa nad èis.'

Cha robh ministear feòla ri fhaicinn,
Eildear no foirfeach no clèir,
Ach bha an Spiorad a' dòrtadh a bheannachd,
'S thàinig searmon fallain na sgèith:
Calman ciùin tighinn mar theachdair,
Le tùchanaich chàirdeil rèidh.

'Thigibh thugams', uil'-iomalla talmhainn,
Tha mo ghràs-sa pailt gu ur feum:
Chan eil agaibh ach suidhe le athchuing',
Bhith sàmhach car mionaid ag èisd':
Cha sibhse cinn-feadhna na h-eaglais –
'S ann leamsa a beatha gu lèir.'

Chaidh an searmon ud seachad an tiotan,
Agus sgaoil an eaglais 's a treud:
Chaidh eòin na machrach air iteig,
Ri ceilear is ceòl anns an speur,
Agus choisich sinn dhachaigh le tuigse,
'S ar cridhe a' glòrachadh Dhè.

1 of 2

FEASGAR SÀBAID

Feasgar Sàbaid àlainn
Anns an Eilean Sgitheanach,
Sinn air ar cruinnneachadh
Ann an Taigh-sgoil an Dùnain:
Ministear an t-Sratha
Air cheann na seirbhis,
Is balach beag luasganach
Le Gàidhlig ga èisdeachd.

An guth Uibhisteach cho binn,
Blàths anns gach facal,
Am Facal a' seòladh dìreach
Gu caladh nan cridheachan
Air sruthan suaimhneach nan Salm.

Agus tron uinneig, an caol
Faileasach, fad-sgàileach,
Socrach, sìtheil, sèimh,
A' tàladh a' bhalaich bhig
A dhol a-nùll thar Iòrdain
A dh'ionnsaigh Tìr a' Gheallaidh
Ann an Scalpaigh.

Am fonn 'Evan' mar dhùnadh,
A' toirt na seirbhis gu crìoch,
Ach a' fosgladh geata mòr, farsaing
Port na sìorraidheachd thall thar fàire,
Agus sinn a' seòladh
Air muir-làn:

Iomram ceòlmhor nan ràmhaichean
Ann an iùbhrach Taigh-sgoil an Dùnain –
Chan fhàg am buille milis aca m' anam,
Gus an latha a ghabhas mi fhìn
An t-aiseag deireannach
Far a' chaoil.

EILEAN CHALUIM CHILLE

Tha mi ann fhathast, is bithidh,
Gam ithe beò aig a' mheanbh-chuileig,
'S mi a' sgrìobadh 's a' sgròbadh
Còmhla ris a' chòrr chiùrrte
Den luchd-sgrìobaidh-sgròbaidh,
Nar n-ìobairt bhuidheachais
Air altair aosmhor Nàdair,
An siud am measg nan uaighean,

Na leacan aig air casan is fodhpa,
Sreath air muin sreatha cho teann,
Na coimhearsnaich taobh ri taobh
Air an dìon mu dheireadh
Bho nàimhdean nimheil an t-saoghail seo,
Ged tha an seann ghàrradh a' call
Nan clach, is sinne a' tuisleachadh orra
Gun fhasgadh bhon ionnsaigh.

Ach 's e fonn nan Salm Gàidhlig
Ag èirigh gu binn do na nèamhan!
Bidh e gu bràth nam cheann
Agus a' mhìorbhail cuideachd –
Gun robh ìobairt chùbhraidh eile ann,
Ga tairgsinn le ar bilean fhìn,
Ìobairt a mharbh gath na meanbh-chuileig,
'S sinn gu ruiteach a' seinn,
'Bidh easbhaidh air na leòmhnaibh òg'
Is ocras orr' air bith…'
Air fonn blasda, beannaichte 'Evan',
Agus dùsgadh beag nam chridhe.

Calum Cille a' tighinn thugam
Anns na facail dheireannach sin,
'S e gan sgrìobhadh sa chill,
'S mo shùil a' togail seallaidh
Air bàta-toileachais a' seòladh
Eadar eileanan Loch Eireisort
Ann am fiath mharbh an latha.

CLADAICHEAN IS BÀTAICHEAN

AM 'MÀIRI STIÙBHART'

Chan eil air fhàgail ach do dhruim,
Na laighe mar chnàmh-droma uilebheist
Ann am Port Scairinis,
Do shaidhean toisich is deiridh
Nan stoban air fiaradh;
D' aisnean, do chliathaichean,
Do chraiceann, do ghuailnean,
D' aodach,
Do chruinn,
Uile air am bleith
Don ghainmhich mhìn;
Do chnàmhan air cnàmh.

Ach bha latha eile agad
Nuair a bha thu fo uidheam
Do mhaighdeannais,
Do shlige maiseach,
Do shiùil gheala ag at leis an t-soirbheas,
Cop a' spriodadh mu do shròin,
A' cur an t-srutha gu dhùbhlan,
'S do chorp làn le toradh na talmhainn,
Do dharach a' seinn le aoibhneas
Saorsa na h-òige:

Clann Dhòmhnaill Òig gad stiùireadh
Le cleamhnas moiteil,
Gad chumail air do chùrsa
Air a' chuan uaibhreach ghorm-uaine
Eadar Albainn is Èirinn,
Eadar Ìle is Barra,
Eadar Tiriodh is Àird Drosain,
Eadar laimrig is laimrig.

Ach nuair a bha do latha seachad
Dh'fhàg iad thu gu sàmhach socrach
Anns a' phort fa chomhair an dachaigh,
Is beag air bheag,
Eag air eag,
Chaidh thu sìos;
Dh'fhalbh do mhaise,
Dh'fhalbh do threòir;
'S tha thu fhèin 's do sgioba
Aig fois a-nise,
Ged a tha an cuan mòr sìorraidh
Fhathast ag imlich do shàiltean,
A' cumail a' chàirdeis.

AM BÀTA-GUAIL

Siud i ann am Port an t-Sruthain,
A slige dearg le meirg 's a beul dubh,
Na laighe air a' ghainmhich
A' spùtadh deataich,
'S a h-inneal a' togail,
'S a' glagail,
'S a' leagail
Connadh a' gheamhraidh
Anns na cairtean.

Muir-tràigh a' toirt cead do na roithean
Tighinn faisg air a cliathaich,
An cuan a' sluaisreadh
Mu Ghreasamul,
'S ag imlich iomall nan creag;
Na fir an-fhoiseil,
A' fuireach ri an cuid fhèin
Mus tilleadh an làn.

Anns an fheasgar shàmhach
Dh'fhalbhadh i do na puirt fad às,
A toiseach àrd
Le falamhachd,
Na fir a-nise trang aig baile
A' togail a' ghuail
Ann an cruach aig cùl an taighe.

Cò chreideadh
Gum maireadh an gual ud
Lethcheud bliadhna
Is barrachd?
Agus seo mise fhathast
Gam gharadh fhìn
Leis an teas a tha
A' tighinn às.

CLACHA-MEALLAIN

Dorchadas san àird an iar,
Beinn Hogh a' dol à sealladh,
'S sinn air an t-seann rathad mu thuath:
Feumar cabhag chun a' chladaich,
Gu fasgadh ann an sgoltadh na creige,
Daingneach aosda nam faoileag.

Chì mi am brat odhar a' sgaoileadh,
Spàgan dorcha foidhe, a' greimeachadh
Air na tonnan 's na sgeirean 's na h-eileanan,
Greasamul gorm an fheòir a-nise donn-dubh,
Cobhar geal ga imilich, Gunna fo cheò,
Rùitean a' ruamhar a' chladaich,
A' Chlach Ùl ri faire anns an t-suaineadh:
Sruth Ghunna caillte ann am priobadh mo shùla.

An 'Clansman' aig Ceann t-Sòthaidh,
A dleasdanas dìorasach làitheil air a choilionadh,
A' teicheadh ron làdach ri teachd.

Agus a-nise na peilearan, cruinn, cruaidh,
A' frasadh gun truas, gun tròcair, gun tuisge,
Fuar, frionasach, a' feadaireachd
'S a' dannsa air na seann chreagan,
Creagan a tha cho coma 's ged a bhuailinn-sa
Mo làmh bhog, bhàn orra:
Chan eil annamsa ach fuil
Is feòil is cnàmhan cugallach.

Deich mionaidean de dhian chogadh,
Strì shìorraidh nan siantan bunaiteach,
Gach nì dorcha, dubh, doiligheasach,
Ach an siud san àird an iar,
Lainnir an dòchais, sliseag de speur gorm.

Feuchaidh sinn oirnn a-rithist,
Mi fhìn 's na coin,
Air an t-seann bhealach
Chun an t-solais.

CO-CHOMANN

Bàt'-iasgaich a' tumadh
Air chùl nan creag,
Na tonnan liath-ghlas
Aig toiseach foghair

Is mi nam sheasamh
A' beachdachadh air iasgair
A' tilgeil nan cliabh
Gun smuaint don mhuir.

Uair is uair,
Chì mi e, a' tionndadh,
A' togail, a' tilgeil,
'S fear na cuibhle
A' cumail a sròine ris a' ghaoith,
Is spriodadh mara
Geal mu guailnean.

Tha mise a' dèanamh
A chuid smaointeachaidh dhàsan
Gun fhios talmhaidh eadarainn.

Saoil am fairich esan mise
Nam sheasamh air cladach
Corrach, cugallach,
Gun dùil ri giomach,
Ach le dòchas làidir
Às a leth-san?

AN ACARSAID

I

Aig deireadh mo chuairt
Aig ceann na slighe, sheas mi
A' beachdachadh air a' bhàta gheal
A ràinig caladh aig muir tràigh,
'S a leig a h-acair gu socrach sìtheil
Anns a' phort chaol chreagach ud,
Nuair a bha an còrr den chabhlach
Tioram tràighte, gun chothrom gluasad,
A' fuireach ris an ath làn:
An tè ud a bha anmoch, faodaidh ise
Dol a dh'iasgach aig àm sam bith,
Làn ann no às, togail oirre
A' chiad char sa mhadainn,
'S i cho cinnteach às an acarsaid:
Chan eil tràth no anmoch ann
Ma tha eòlas agad
Air a' phort.

II

Cha chreidinn gun dèanadh siud
Acarsaid cho dìonach seasgair,
'S gun ann ach sgoradh fada
Eadar creagan corrach cunnartach,
Gun ghainmhich, gun ghrùnnd:
Ach cha dèan bòidhchead port:
'S e am fasgadh bun a' ghnothaich,
Agus an làn coibhneil càirdeil
A thogas 's a leagas na bàtaichean
Mar mhàthair ag altram a h-àil
Le deagh oilean is eòlas,
Ge b' oil leis na creagan.

III

Air an oidhche 's mi air a' bhràigh
Chì mi na solais-iùil a' deàrrsadh,
Uaine is dearg fada bhuam ach dlùth
Ann am beul a' phuirt chreagaich,
'S bidh mo smuaint air a' bhàta gheal ud
Le grèim cinnteach air a h-acair,
Is stiùiridh mi m' anam ann am fois
Gu caladh corrach an dorchadais.

DOL AIR BHOG

Tha a' gheòla mhòr a' dol air bhog an-diugh,
'S i na laighe deiseil aig beul an làin,
Gach timcheall air a ghlanadh,
Gach tobhta air a lìomhadh,
Gach ball air ùrachadh,
An seann chòta air a sgrìobadh dhith,
An còta ùr air a chur oirre gu gràdhach,
'S i sgeadaichte ann an trusgan an t-samhraidh,
Uaine gu h-àrd, is geal gu h-ìosal,
A' dèanamh fiughair ris gach tonn
'S an lìonadh ann an Caolas Ghreasamuil.

Furichidh sinn gus an tog am posta-toisich,
Gus am bi na guailnean ag èirigh gu socrach,
M' athair a' leum na broinn gu h-èasgaidh,
'S na ràimh goireasach aig a' bheul.

Na tuinn ag imlich mo bhòtainnean,
Mo ghualainn ris a' phosta-dheiridh,
Ri spàirn feuch am put mi a druim
Far na gainmhich dhiùltaich,
Ach tha an làn càirdeil coibhneil ag at
Mar shìoda chuimir fo bhalg na geòla,
Agus siud i air bhog – 's le cruinn-leum
Tha mi na broinn, mo mhogain 's iad fliuch
Leis a' phut dheireannach,
'S mo bhòtainnean làn sàile.

Cho aotrom 's a tha i a-nise,
A' gheòla mhòr ud 's i cho sùnndach
Air uachdar nan uisgeachan!
Na ràimh a' glagail anns na butagan,
'S m' athair ag iomram le eòlas
Gus an ruig sinn an t-àit'-acrachaidh.

Tha a' bhobhtag a' togail an ròpa,
An colair a' dol oirre gu càirdeil,
An t-slabhraidh ga slaodadh an uachdar
Às an doimhneachd ghorm-dheàlrach,
'S faileasan fada fiathail a' chiaraidh
A' sgaoileadh air cuartagan an t-srutha.

Seo sinn, air ar n-uidheamachadh
Airson cuairtean-iasgaich na bliadhna
Air feasgar aig toiseach an t-samhraidh,
'S an saoghal dhòmhsa cho òg,
Àlainn, àghmhor, 's mo bheatha romham.

An ann mar seo a bhitheas e
Air an fheasgar mu dheireadh?

SEÒL MO BHEATHA

Seòl ruadh, 's e th' agamsa,
'S chan e seòl geal no seòl buidhe,
No seòl de dhathan bogha-frois,
A' bolgadh romham ann an rèis,
A' glacadh aire uaislean pròiseil:
Chan e, ach seòl mo dhaoine,
Air a chartadh anns a' chrotal,
Air a cheangal le ròpa dorcha
Is teàrr Stockholm is Archangel
A' cur fàileadh cùbhraidh na beatha
Air gach oir dheth, air gach pàirt,
'S milseachd gheur, shearbh, sheasgair,
Air an oiteig luasganaich, luainich.

Seòl ruadh eathair, 's i fuaradh
Rudha cunnartach nan linntean,
A' cur seachad gach frionas,
A' cur siubhal fon druim,
'S i a' dol ann an sùil na gaoithe,
An t-slat a' dìosgal gu h-àrd,
An treabhalair a' cagnadh a' chruinn,
A' chluas gus sracadh le atmhorachd,
An sgòd gus briseadh, 's an uair sin
Ga leigeil às le fear eòlach na stiùireach,
'S am bàta a' tilleadh bho bhogadh beòil,
A' dannsa dìreach air na tuinn.

Seòl ruadh mo dhualchais,
Air fhighe le cruadal làimhe,
Gach snàthainn air a shnìomh
Le dìlseachd mo dhaoine,
Dìleab an dòchais,
Gun mheud-mhòr,
Gun suim do shaobh-shruth
Uaisleachd fhuadain:
Sin agaibh neart.

Cuiridh sinn riof san t-seòl
Ma thig stoirm, leigidh sinn
A' chluas saor, ma dh'fheumar,
'S ann an dà dhiog
Cuiridh sinn an t-slat
Air taobh eile a' chruinn
Agus thèid sinn gu snasail
Air a' ghaoith a-rithist –
Ged a shracadh iad!

AN CRANN

Air an lobhta gu h-àrd bha air fhàgail seann chrann,
Le ròpa no dhà, 's seòl bàn, ged bu ghann,
Ach dhùisg siud mo smuain gu bhith bruadar san àm
Mun iùbhraich chaoil dharaich bu shùnndaich' bhiodh ann.

Gus an togainn am bàt', gu bràth cha bhiodh srann
Aic' a' togail gu cuan no a' sluaisreadh nan tonn;
Is ghabh mi an sàbh, a' ghilb 's an t-òrd cam
Agus rinn mi dhi druim agus gheàrr mi dhi bann.

Bliadhna de shaothair 's bha gach taobh dhith gu teann,
Gach tumair na àit', 's cha robh timcheall dhith fann;
Bha a beul is a h-aisnean air an ceangal le lann,
Air an snaidheadh gu snasail, gun lasachadh ann.

Sin thug mi gu moiteil on lobht' an seann chrann,
Agus chàraich mi rith' e, is dh'fhalbh i na deann;
An seòl aic' làn gaoith' 's i a' leum mar am meann
Thar sruthan na mara, gach cnoc agus gleann.

Iùbhrach mo bhruadair, bha i gluasad le srann,
Bha i ann an da-rìribh gu bhith strì ris gach tonn;
Cha b' e duin' eil' a thog i, ach mo làmh-sa 's mo cheann –
Gus an tog sibh am bàta, cha dèan sibh feum den t-seann chrann.

REAGATA

Latha mòr san eilean seo,
'S gach long a' dol fo sheòl,
Gach geòla agus sgoth
'S iad sgeadaicht' aig na seòid.

Tha mise air a' chnoc ud,
Toirt sùil a-mach on chòrs',
'S iad siud am measg nan tonnan,
Le farpais choibhneil chòrdt'.

Na càirdean a tha taiceil
Anns gach cath is spòrs,
Seo iad a-nis a' cleasachd
San rèis sa bheil an deòin.

Tha Iain Mòr à Rubhaig ann,
Donnchadh Posta còir,
Gòrdon leis an 'Oircean',
'S Niall Sgibnis air a dhòigh,

A' toirt nan òrdan marachd,
'S an 'Daisy' dol le ceòl,
Ach siud Donnchadh is Eachann
A' dol seachad air a' chòrr.

Tha Gavin ann à Arcaibh,
'S a charaid Uilleam Gròt,
Dà fhear cho uasal gasda
'S a chuir an cas am bròg.

Tha mo chridhe leo a' marachd,
'S mo spiorad anns gach seòl,
Air feasgar àlainn lurach –
'Cumaibh oirbh, a sheòid'.

Ach siud iad dol à sealladh,
'S tha mi gan call sa cheò;
Na càirdean bha cho faisg orm –
Chan eil iad nise beò.

Is toigh leam fhìn bhith 'g aisling
Mu gach gaisgeach bha nam eòl:
Ach b' fheàrr leam iad bhith agam,
Rim thaobh san latha mhòr.

LUINGEAS NA TRÒCAIR
(Mercy Ships)

Luingeas na tròcair a' tighinn gu deònach,
Luingeas na tròcair a' teannadh gu tìr:
Luingeas na tròcair le leigheas a' seòladh,
Thar fairge is dòilich le mòrachd nan sgrìob.

Is dorcha na sgòthan nuair nach fhaighear aon eòlach
Air galar is leòintean a cheannsach' le cinnt,
'S gach neach a tha brònach gun chùngaidh na chòir-san,
Is pian ga chur gòrach gun sòlas no sìth:

Is iomadh aghaidh gun bhòidhchead le at agus dòlas,
Is iomadh neach a tha breòite a' cromadh a chinn,
Is iomadh neach gu mì-dheònach a' teicheadh bho dhòrainn,
Gus an nochd luingeas na tròcair air chòrsa na tìr.

Chìthear sean agus òg iad, a' tighinn nan dròbhan,
Is long mhòr na tròcair a' fosgladh na slìgh',
Toirt fuasgladh gu deònach do dhaoine mì-dhòigheil,
Gach lobhar ga phògadh le eòlaichean Chrìosd.

Tha grian Africa dòrtadh air long ud na tròcair,
Ach mairidh i glòrmhor le stòras nach crìon,
Le sgioba tha deònach bhith ag aiseag am bòidhchid
Don mhuinntir tha leòinte – is dòchas gu sìor.

Luingeas na tròcair a' tighinn gu deònach,
Luingeas na tròcair a' teannadh gu tìr:
Luingeas na tròcair le leigheas a' seòladh,
Thar fairge is dòilich le mòrachd nan sgrìob.

SOLAS SRUTH GHUNNA

Tha solas Sruth Ghunna a' priobadh tron uinneig,
Solas Sruth Ghunna gam chumail nam dhùisg,
Tha solas Sruth Ghunna a' priobadh tron uinneig
A' cur ann am chuimhne cuan farsaing nan rùit'.

Mo luaidh air na gaisgich rinn an solas a lasadh,
A stiùireadh gach eathair tro chunnartan cuain,
Nuair bhios tonnan na mara le uamhas a' sadadh,
'S gach reult anns an adhar fo dhubhar 's fo ghruaim.

Bu tric bhiodh na balaich a' tighinn ga altram
Air a' 'Hesperus' mhaiseach air feasgar Diluain,
Cur a' bhàta air acair, 's an uair sin a-mach leo
Gu solas Sruth Ghunna thar fairgeachan uain'.

'S iad a sheasadh gu gramail air mullach a' bharaill',
'S e leum is a' dannsa le suaineadh gun diù,
Fhads a bhiathadh 'ad ola don t-solas ga lasadh
Gach oidhche is latha mar rabhadh 's mar iùl.

Is thigeadh tron t-sruth ud o phort Bhàgh a' Chaisteil
Mo ghràdh-sa an 'Claidheamh' bha tapaidh gach uair,
A' seòladh gu snasail a dh'ionnsaigh a' chalaidh
Tràth anns a' mhadainn bha dorch' agus fuar.

Bu shàbhailt' san oidhche an solas le shoillse,
Gach gath agus boillsgeadh a thigeadh bhon bhuad:
Is sheachnadh na saoidhean na boghachan oillteil,
A' siubhal tron t-sruth ud gu h-aoibhneil 's gu luath.

Tha solas Sruth Ghunna a' priobadh tron uinneig,
Solas Sruth Ghunna gam chumail om shuain,
Tha solas Sruth Ghunna a' priobadh tron uinneig –
'S mise tha buidheach do Luchd nan Solas Mu Thuath.

CLACHAIREAN NA BÀRDACHD

Mar urram air teaghlach barraichte nan Stevensons a thog taigh-solais na Sgeir Mhòir (1844), agus a bha ainmeil mar ùghdairean agus mar bhàird, m.e. Raibeart Louis Stevenson.

Fhuair sibh deagh oideachadh
Ann an sgoil nan clach-bhàrd,
Creagan air ur cuirp,
Gilbean nur dùirn,
Gimileidean nur làmhan,
Ùird nur n-eanchainnean.

Le ealain gheàrr sibh na clachan
Anns a' Chamas a Tuath am Muile,
Gan giùlan air muir do Haoidhnis,
Far an deachaidh an cur air tìr
Gu cùramach leis gach aos-dàna
Is ollamh ionnsaichte.

Ann an oilthigh na saorsainneachd
Gu lèirsinneach shnaidh sibh gach lideadh,
Thomhais sibh cudthrom gach facail,
Dhearbh sibh gun robh gach sreath
Cho dìreach ri oir gheur na troighe,
Comhardadh eadar gach cuairt,
Aiceall eadar gach cupladh,
Uaim eadar gach clach,
Gach ceangal teann,
Gach dùnadh mar bu chòir.

Rinn sibh ciad tarraing de ur tùr
Air raon còmhnard a' chladaich,
A' cruthachadh gach ceathramh
Gu mion-cheart mus rachadh a h-aiseag
Gu creag mhairbhteach na Sgeir Mhòir,
Far am biodh eileamaidean an uamhais
Ga bualadh le aoireadh nimheil.

Mu dheireadh, las sibh an solas,
Chuir sibh crùn air ur n-obair,
Agus choilion sibh ur dàn
Gu buan-mhaireannach.

29.8.2014

TOGAIL LEABHAIR

Tha mi an dùil leabhar ùr a thogail –
Chan ann ga leughadh idir,
Ach ga sgrìobhadh le ealain –
Culaidh-fharmaid a chuireas ioghnadh
Air gach neach a chì i, 's i cho cumadail,
Toiseach taitneach is deireadh snasail,
Gach duilleag air a gearradh glan,
Air a lìomhadh le locair na h-inntinn,
Meadhan a bhios farsaing,
Asnaichean àghmhor,
Druim air am bi m' ainm,
Beul a labhras m' eachdraidh,
Is crann a thogas àrd
Seòl mo bheatha.

Ceanglaidh mi na sreathan
Le leabhar-lannan làidir,
A chumas gach cuibhreann
Socrach, seasmhach,
Agus le tarraing no dhà
Nì mi fuaigheal iomchaidh
Air na h-earrainnean fa leth.
Bidh an còmhdach eireachdail,
Gach clàr mar bu chòir.

Bidh latha mòr againn
A' cur an leabhair air bhog –
Cha bhi facal air a fhliuchadh! –
'S gach aon a thèid air bòrd
A' tarraing air an aon ràmh,
Ag iomram gu acair
Tro shruth nam facal
Le iorram ùghdarail.

'SEÒLADH'

Smuaintean ùghdair an dèidh 'cur air bhog' leabhair.

Càite an seòl mo leabhar-sa nochd
Bhon chuir sinn air bhog e sa chuan,
'S bhon chaidh e gu muir gun ghaoid is gun lochd –
Mo leabhran snog, àlainn, nuadh?

Am bi e ga luasgadh air uachdar nan tonn,
Is e a' fàgail nan sonn air Chluaidh?
'M bi ghaoth a' sèideadh na mara fo bhonn,
'S ga iomain le fonn mu thuath?

An tig e gu acarsaid far am bi daoin'
Thogas iolach a' ghaoil ga luaidh,
No 'm bi iad ag ràdh nach eil e ach faoin –
'S nach fhiach e aon fhàrdain ruadh?

An cluinn mi gu bràth gun do ràinig e port?
An tig naidheachd mu chor on t-sluagh?
No am bi 'n t-sàmhchair cho buan 's cho goirt,
'S ged rachadh e fodha gun smuaint?

Thog mise mo leabhar le saothair is spàirn
An gàrradh-inntinn an riaslaidh chruaidh,
Ach is cinnteach nach tuig aon chreutair san àit'
Nach eil agams' ach cràdh mar dhuais.

Càite an leughar mo leabhar-sa nochd,
Bhon chuir iad air bhog e sa chuan?
'N e faoileag a' chladaich bhios ag aithris a lochd,
'S gun aon duine a' nochdadh dha truas?

CAOCHLADH IS CALL

BIADH GALLDA

Ann am bùth a' cho-chomainn
Tha na sgeilpichean cho eireachdail,
Cho snasail nan saorsainneachd,
Cho tarraingeach, cho deàlrach,
'S mi nam sheasamh aig a' chuntair
A' sireadh biadh na beatha
Bho bhodach a' bhùtha:

'Gabh do roghainn,' ars' esan,
''S pailteas againn de na thàinig
Air an 'Dunàra' shuas gu h-àrd,
Far am faic thu am biadh as ùire,
Na briosgaidean as beairtiche,
A chuireas smior an t-saoghail mhòir
Nad chnàmhan…'

Dh'fhalbh mi leis a' chùnradh dhathte,
'S dh'ith mi criomagan, ach theab
An siùcar mo thacadh, is thill mi,
Feuch am faighinn a' mhin-choirce
'S am bonnach-eòrna.

'Ah, uill,' ars' am bodach, 'chan eil fhios
A bheil sian air fhàgail, 's ma tha,
Bidh na th' ann air grodadh
O chionn fhada nan cian.'

Is chunnaic mi, air an sgeilp as isle,
Am poca-bolla duanaidh mu dheireadh,
'S tuill ann,'s a' mhin gharbh
A' sruthadh às, far an d'fhuair
Na luchaich an sàth.

'Thoiribh dhomh i,' arsa mise,
'Agus nì mi am brochan beannaichte…'
'Do roghainn fhèin,' ars' esan,
'S na speuclairean air bàrr a shròine,
'Ach cuimhnich gu bheil
A' mhin Ghallda nas goireasaiche
Anns a' mhadainn.'

Bu ghasda am blas searbh
A dh'fhàg an t-seann mhin ud
Nam bheul aig toiseach an latha.
Is beag an t-ioghnadh
Gu bheil na luchaich
Cho pailt.

BLÀR NAN SGUAB

Is fhada bhuainne Blàr nan Sguab,
Nuair a chuir na Tirisdich threuna
'Sguab eòrna gu crios
Ann an craos Lochlannaich'.
Bu mhath a chleachd iad na sùisd
Air an latha àghmor ud,
A' cur sad às na h-itean
Aig na creachadairean.

B' e sin an-dè,
Nuair nach robh sinn glic,
Nuair nach robh sinn tuigseach,
Mus d'fhuair sinn eòlas
Air math seach olc,
Air modh seach mì-mhodh.

Is fhada bhuainne an-diugh
An t-seann bhorbalachd
A bha aig ar n-athraichean,
Agus, ma dh'fheumar a ràdh,
San t-saoghal PhC a th' ann,
Aig ar màthraichean –
'S iad bu mhiosa.

Tha sinn a-nise sìobhalta,
Nar seasamh air na rudhachan
Feuch am faic sinn na birlinnean,
'S sinn a' glaodhach àird ar claiginn,
Ris gach tè tha 'dol seach an Caolas',
'Thigibh chun na fèise,
Thigibh is lìonaibh ar sporain,
'S gheibh sibh biadh is deoch
Airson sgillinn no dhà.'

Bu luath a dh'ionnsaich sinn
Na beusan ùra, uasal:
Is brèagha leinne a' chreach
A chumas anail na beatha
Anns an tìr. Sin agaibh
Sìobhaltachd.

SORAIDH LEIS AN NOLLAIG ÙIR 2014

Soraidh leis an Nollaig ùir
Chuireadh sgreamh air duine ciùin,
'S gach gòraich' th' aca anns gach bùth,
Feuch am faigh mi cùnradh bhuap'.

Solais dhrithleannach dom shùil,
A' leum gun sgur a-nall 's a-nùll,
Gus am bi mo cheann gun tùr,
Le Santas phlastaig 's liùgain thruagh.

Gach taigh 's e sgeadaichte le dùil
Gun stad am Bodach rèir an rùin,
Le sanas 'g iarraidh air gun stiùir
E fèidh à Lochlainn thuc' le luach.

Fleadh is subhachas is òl,
Gus nach fhàgar sgillinn òir,
'S coileach Frangach air gach bòrd –
Cha mhath gum bitheadh fheòil ro fhuar!

Chan ionann sin 's nuair bha mi òg,
Is oraindsear is mòran spòrs'
A' tighinn thugam às an stòr
Aig daoin' bha cosnadh lòn gu cruaidh:

Deagh chòmhradh, càirdeas agus ceòl,
Naidheachdan is innse sgeòil,
'S gach bodach 's cailleach air an dòigh,
Gus am biodh na deòir air gruaidh.

Ach an-diugh 's e tha nan dùil
Gum bi tuilleadh meud san tiùrr
Na bh' ann an-uiridh, is gun diù
Don t-sabhal lom le Crùn nam Buadh.

TOBAR BEAN IAIN

Choisich mi seachad air
Tobar Bean Iain an-diugh,
Mi fhìn 's an dà chù,
Gach aon againn air feist,
'S an tobar air a stopadh
Le biolair is luibheannach,
'S gun uisge ri fhaicinn,
Ged a thìll tobar na h-òige
Airson tiotain.

Magaidh, piuthair mo sheanmhar,
A' suidhe còmhla rium
Uair eile air a' bhruaich,
A' spìonadh na biolaire,
'S ga toirt dhòmhsa ri h-ithe,
'S i blasda air ar bilean,
Ar comanachadh sàmhach.

An sin bheireadh i duilleag shiolastair
Às an talamh bhog, bhlàth,
Ga pàsgadh eadar a corragan
Mòra, fearail, eòlach,
A' cruthachadh bàta,
A' cur car ann an earball na duilleige,
Ga dèanamh na roth bòidheach
Air an greimicheadh
A' ghaoth mar sheòl.

Agus dhèanainn-sa à duilleig eile
Mo bhàta beag, dòchasach fhin
San aon dòigh, gu cùramach,
Ga deasachadh airson na rèis.

Leigeamaid iad às ar làmhan,
Long Mhagaidh air thoiseach,
A' falbh leis na cuartagan,
A' bualadh anns an luachair,
A' dol air a cliathaich,
Ga giùlan le sruth na dìge
Tro gach lub is lùb,
Gus an cailleamaid i mu dheireadh
Anns na cuiseagan coimheach
Fada bhuainn air an astar.

An tè bheag aotrom agamsa
An uair sin, cuimir na cumadh,
A' seòladh air èiginn,
A' dol air a tarsainn,
Ga leantainn,
Gun chinnt dè a thachradh.
B' ann gun tlachd
A thillinn dhachaigh.

Ach cha do sguir an t-uisge
A' ruith nam inntinn,
'S chì mi mo bhàta siolastair
Fhathast
A' falbh leis an t-sruth,
Ged is cinnteach
Nach eil i fada
Bho na cuiseagan ruadha.

AM BÀTA BEAG SIOLASTAIR

Bàta beag siolastair gu h-aotrom a' seòladh,
Bàta beag siolastair a' sealltainn cho bòidheach,
Bàta beag siolastair a' falbh air an t-soirbheas,
Bata beag siolastair ag ùrachadh m' òige.

Bhuain mi an-diugh duilleag a shiolastair uaine,
Thug mi leam dhachaigh i, 's mise cho uasal;
'S rinn mi dhith bàta le seòl 'g èirigh suas oirr',
Bàta beag siolastair, 's i dhòmhsa cho snuadhmhor.

Chuir mi air lochan i, 's sheòl i gu pròiseil,
Ghaoth air a sliasaid 's i fiaradh gu dòigheil:
Ghluais i gu snasail gu caladh a deòine,
Am bàta beag siolastair bha leamsa cho bòidheach.

Bha mi 'n Tobar Bean Iain ga leigeil san luachair,
Ga faicinn a' bualadh am biolair nam bruachan:
Falbh air an oiteig, 's long Mhagaidh a' buannachd,
Am bàta beag siolastair, 's i leamsa mar bhruadar.

Cò chreideadh gum bitheadh am bàt' ud na ceòl dhomh,
Cò chreideadh gum bithinn a' leum leis an t-sòlas?
Dh'fhairich mi mionaid de shonas na h-òige,
'S am bàta beag siolastair gu gasda a' seòladh.

'GED AS IONANN CLADACH, CHAN IONANN MAORACH'

Seo mi a-rithist air a' chladach,
Mo lorgan a' cladhach na gainmhich,
M' inntinn a' sireadh nan sgeirean,
A' gabhail beachd air gach comharradh,
Ga ainmeachadh, aon an dèidh aoin,
Ag ùrachadh an t-seann eòlais,
'S na tonnan bàidheil a' sgaoileadh
Sìoban mìn na fàilte mum chasan.
Is beag na dh'atharraich, gu dearbh.

Ach tha na sligean falamh cho follaiseach,
'S mi a' sireadh a' mhaoraich bhlasda
A bhithinn uaireigin a' toirt dhachaigh,
Ga ròsladh air teine bhioran,
'S ga ithe le toileachadh balaich
Ann an neochiontachd na h-òige.

Nach ann air a' mhaorach a thàinig
An dà latha! Agus nach ann ormsa!
Seo mi a' sporghail, 's chan fhaic mi dad,
'S ged a chìtheadh, bhithinn an amharas
Gun robh puinnsean ann, 's gum milleadh e
Mo shlàinte. B' fheàrr a sheachnadh.

Oich, oich! Nach mise a fhuair
An t-ionnsachadh sean, searbh
Ann a bhith ag aithneachadh
Nan sligean-brèige!

ALBA

MOLADH GHLASCHU

Gun dèan mi duanag don bhaile uasal,
Glaschu snuadhmhor nan stuaghan àrda,
A thog gu buadhmhor a' bhratach luachmhor
A dh'aindeoin cruas agus buaireadh nàmhaid.

Bu tric a ghluais mi nam bhalach luaineach
Air chuairt le ioghnadh air feadh a shràidean,
'S a rinn mi cnuasachd ri taobh nam bruachan
Air mais' nan iùbhrach' 's nam bùithtean àlainn.

Air Abhainn Chluaidh ud, bha latha chualas
Na h-ùird a' bualadh le smuais nan gàirdeann:
An-diugh's e 'n t-uamhas nach cluinnear fuaim ann,
'S seann luchd a' chruadail a-nise sàmhach.

Dol-sìos na truaighe, b' e sin bu duais dhaibh
Bho luchd a' bhuairidh, gun truas no bàidh dhaibh:
Cha robh ach dùnadh gach tionnsgail shuaicheant',
Bho chladhach guaile gu giollachd stàilinn.

Ach thuig an sluagh ud nach binn na fuaimean
Bha tighinn a-nuas orr' bho uaislean càirdeil,
'S gum feumt' an gluasad le neart na ruaige,
Is tàirnean drùidhteach a chur nan àite.

Chan ionann 's sluagh ud a' bhaile ghruamaich
Nach eil cho uasal an smuais an cnàmhan,
Ged 's mòr an nuallan a nì am buar ann
Mu mheud an snuaidhe is tuar an àrdain.

Ceann-bhaile uasal taobh siar na dùthcha,
Bidh meud a bhuaidhe ga luaidh gu bràth leinn:
Cha robh e suarach no idir diùltach,
'S cha bhi a chliù dhuinn na chulaidh thàmailt.

19.9.2014

BRADAN NA H-ALBA

Bradan na h-Alba a' snàmh anns a' gharbh-shruth,
Bradan na h-Alba ri spàirn anns an rèis:
Bradan na h-Alba gu duineil 's gu dalma,
Bradan nach balbh e, an àm cur an cèill!

Siud e le aighear a' leum anns an abhainn,
Cur cop geal na mara na lasair don speur:
Olc leat no math e, 's e fhèin ghlacas aire
Gach neach a tha gabhail an rathaid le ghleus!

Is gasd' leis bhith sabaid ri iomadh muic-mhara,
A' toirt fliopar da earball gu clis do gach tè;
Ma thig i à Sasainn a' tabhann droch naidheachd,
Bheir am Bradan beag tapaidh sad air a slèisd'!

Fìor-iasg a' ghliocais, 's chan idir mion phiocach,
A thuigeas gach iomrall, 's a stiùireas a cheum,
Le tuigse ag iomain gu deireadh na slighe,
Ged thigeadh na cearbain gu tric às a dhèidh!

Tha beagan den àrdan gun teagamh a' tàmh ann –
Sàr-iasg na h-Alba, dom bu ghnàth an deagh spèis:
Seo an dùthaich as àill leis, is togaidh e àrd i,
A' mire 's gach bàgh dhith le fàinne na bheul!

Le seòltachd a mharachd, cha b'fhasa a ghlacadh,
Ach leum e a-mach à abhainn a rèis:
Ged dh'fhalbhas am Bradan, bidh euchdan gan aithris
Cho fad 's a bhios Alba fo ghathan na grèin'!

MADAINN ÙR

Dh'èirich grian ùr oirnn
Air madainn na buadha,
Na beanntan 's na stùcan
Le snuadh a tha brèagh':
Fuar-chulaidh na Dùbhlachd
Le gathan ga sgiùrsadh,
'S na sgòthan gan ruagadh
Gu luath às gach sgìr.

Mhosgail ar dùthaich
Ged bha i ri dùsal,
'S thog i oirre gu sùnndach
Le dùrachd tha fìor:
Gum meal i an uair seo
Gu sona 's gu buadhmhor,
Is maitheas a sluaighe
Ga luaidh anns gach tìr.

Alba aosmhor nan dùilean,
An-diugh 's e ar dùil dhut,
Gun soirbhich do dhùthchas
'S gum bi thusa gun dìth:
Gun cluinnear do chliù-sa
Gu deas agus tuath oirnn,
Mar thìr a tha snuadhmhor
Le uaisleachd is sìth.

8.5.2015

CREAG AN FHITHICH

Chunnaic am fitheach na togalaichean
A' tuiteam an coinneamh an cùil,
'S thuig e nach biodh spiris aige tuilleadh
Os cionn lasraichean leaghte na stàilinn:
Agus rinn e a nead ann an cridheachan sluaigh
Seach creagan, seach sgoraidhean corrach
Air iomall an fhàsaich.

An latha bha seo, thàinig tuil mhòr uamhasach,
Agus lìon i an seann làrach lom leagte ud:
Agus chunnaic am fitheach a' ghrian a' deàrrsadh,
Lasraichean ùra a' lasadh speur an eu-dòchais,
Agus thubhairt e, 'Tillidh mise
Agus togaidh mi rìoghachd
Seach nead air creig –
Alba Ùr an Fhithich.'

CREAG AN DÒBHRAIN

Fàilte ort, a dhòbhrain chòir,
Is tu cho pròiseil ann ad dhòigh,
D' fheusag bhrèagh' air chrith le leòm,
'S an cuan gach là fo bhàrr do shròin'.

Is fìor mhath d' fhaicinn air do stòl
A' beachdachadh air muir 's air neòil:
B' e siud do chreag-sa gus 'n do sheòl
Mac an duine steach gu seòlt'.

Bha aige sluagh is gual is ceò,
Is bàtachean le smùid is sgleò,
Is faram àrd aig gràisg gun ghò,
Nan amadain le deoch air bòrd.

Thog iad ceidhe, thog iad tòrr,
Is ruaig iad thu air falbh bho d' chòir,
'S chan fhacas thu fad linntean mòr' –
Gun ann ach d' ainm, gun dòbhran beò.

Ach 'n-diugh tha ceidhe 'n òir
Na stoban grod', 's e briste, breòit':
Theich luchd-turais shireadh spòrs
A-nùll thar chuain is iad nan deann.

'S tha Creag an Dòbhrain nis na dòigh
Mar bha i uair mus tàinig ceò:
Suidh thus', a charaid, 's gabh do leòr
Ded chreig ghrinn fhèin, oir 's i do chòir.

LEAGAIL CHRAOBHAN

Tha an luchd-leagail trang an ceartuair,
Innleachdan ùra a' gearradh gun tròcair,
Mar nach biodh aca ach na maidseachan,
Làraidhean luchdaichte, luideach a' siubhal
Gu cas, cunnartach air na rathaidean.

Is beag leam na sgàirnichean, na làraichean sgallach,
Na bunan briste, na freumhan falamh, an talamh troimhe-chèile,
Na leathadan liath-ghlas ri marbhrann muirt.

Reubadh is ath-reubadh na tìre,
Reubadh an treabhaidh is na curachd,
Agus reubadh mòr a' ghearraidh dheireannaich,
A' lomadh, 's a' lot, 's a' leòn gun smuaint.

Gun toireadh Dia maitheanas dhuinn:
Dh'fhàs sinn cleachdte ris na coilltean fuadain,
Ghabh sinn riutha mar sgeadachadh nàdarra,
Agus a-nise seo mise a' caoidh gu geur
Gun d'fhalbh gach breug àlainn
A bha a' toirt dhìom
An speur.

MOLADH IS MARBHRANN

A' BHANA-BHÀRD FLÒRAIDH

Mar urram air mo dheagh bhana-charaid, Flòraidh NicPhàil à Tiriodh, a choisinn Duais a' Bhàird aig Mòd an Òbain 2015.

Mo bheannachd bhuan air Flòraidh,
A' chaileag bhòidheach mhilis ud,
A choisinn Crùn nan Òran
Le gleusan ceòlmhor Tirisdeach:

Chan eil an Tìr an Eòrna
Aon tè cho còir na cridhe rith',
Le facail ghrinn an còmhnaidh
Is rannan eòlach fileanta.

Is iomadh uair a sheòl mi
A-nùll gu seòlt' do Sgibinis
A bhruidhinn rith' gu deònach,
Is le sòlas gun tillinn-sa:

Air feasgar gruamach geamhraidh,
Le blàths mòr bhiodh cridhealas,
'S am meadhan a cuid stoirmean,
Bu shocrach i gam mhisneachadh.

Tha a beatha fhèin mar lòchran
Gar treòrach sna nithean sin
A mhaireas buan is bòidheach
San dualchas òrbhuidh Thirisdeach.

Gum meal thu fhèin, a Fhlòraidh,
Do chrùn mu cheann cho fiosrachail,
'S guma fada beò do cheòlraidh
Toirt iomadh òran innich dhuinn.

AN SEINNEADAIR DÒMHNALL IAIN

Mar urram air Dòmhnaill Iain Mac Ille Dhuinn à Tiriodh a choisinn Bonn Òir Seinn nam Fear aig Mòd an Òbain 2015.

A Dhòmhnaill Iain, a charaid,
Bu bhinn leam an naidheachd
A thàinig nam fhagas an-dè:

Gun d'fhuair do ghuth gasda
Àrd-urram nan gaisgeach
A' seinn gu snasail 's gu rèidh.

Chan eil uiseag san adhar
Nach bi luaidh ort le caithreim,
A' cur meala-naidheachd an cèill.

Bha thu ceòlmhor nad bhalach,
Is ainmeil 's gach baile
An Tiriodh nam machraichean rèidh.

Agus a-nis ann an Glaschu,
Tha thu togail do bhrataich
Gu h-àrd os cionn mara tha sèimh.

Guma fad' bhios tu maireann
A' seinn dhuinn gu snasail –
Is tu tha airidh air rannan dhut fhèin!

FÀILTE CEUD BLIADHNA

Mar urram air 'Mairead Chanaigh', an Dr Mairead Fay Shaw Chaimbeul, nuair a ràinig i ceud bliadhna a dh'aois. Tha an dàrna rann den òran snaidhte air a cloich-uaighe ann an cladh Hàlainn ann an Uibhist a Deas.

Fàilte oirbh às leth gach bliadhna,
A bhean-uasal ghasda fhialaidh;
Is adhbhar gàirdeachais an sgeulachd
Gu bheil sibh aig a' cheud tha òrbhuidh.

Thàinig sibh a-nall thar chuantan
Is chuir sibh urram air ar dualchas;
Chruinnich sibh an dìleab luachmhor
A bhios buan againn mar stòras.

Chuala sibh na h-òrain àlainn,
Seanfhacail is ceòl is gnàthsan,
Is chuir sibh iad san leabhar shàr-mhath,
Sa bheil Màiri Anndra còmhnaidh.

Chlàr sibh cleachdaidhean ar sinnsir
Ann an dealbhan snasail, brìoghmhor;
Bidh Gleann Dail gu bràth ag innse
Mar a bha an linn na h-òige.

Ann an Eilean Chanaigh uaine,
Le Fear ur cridhe bha sibh suaimhneach,
Leis gach eòlas air ur cuairteach',
Anns an aitribh uasail, bhòidhich.

Iain gaisgeil, sheas san tuasaid
Air sgàth ceartais agus dualchais;
Bidh ainm gu bràth ga luaidh leinn
Fhad 's a bhios ar cluas ri òran.

Bu mhath a thoill sibh an deagh chliù ud,
Is gach urram bha san dùthaich;
Chuir Dùn Èideann fhèin an crùn oirbh,
Le mòr-rùn nan taighean-fòghlaim.

Guma buan sibh agus maireann
Fad nan iomadh bliadhna fhathast;
A Mhairead ghrinn nan gnìomhan maiseach,
Mealaibh naidheachd a tha glòrmhor.

4.10.2003

GEALACH GHEAMHRAIDH

Air feasgar fuar geamhraidh
Tha a' ghealach fionnar, fad às,
Mar sgillinn gheal is fiamh oirre,
A' gàireachdainn gu h-àrd 's i coma
Anns an speur gheur ghorm.

'S tha mise a' coiseachd tro ribeagan sneachda
Air iomall cabhsair dubh cruaidh, leacan nimheil
A tha gun tuigse ged a thuiteadh neach air deighe,
'S ged a rachadh cnàmhan boga nan spriodrach.

An-diugh 's sinn a' fàgail beannachd aig caraid,
Dh'fhairich mi sgian na gaoithe gam ghearradh,
Agus thuig mi nach eil ach an oiteag
Eadaram fhìn is sìorraidheachd,
'S nach eil an oiteag fhèin
Eadar talamh is gealach.

MO CHARAID, GORDON DONALD (1928-88)

A Ghordon, a charaid, cò chreideadh
Gun do shiubhail còig bliadhna fichead
Bhon a shiubhail thu fhèin,
Bhon a dh'fhàg thu cladach Bhalla
Air an turas dheireannach ud:
Thu fhèin 's an t-'Oircean' cho soilleir leam,
An seòl ruadh a' bolgadh ri crann cinnteach,
'S sibh a' fiaradh seachad air a' Chleit
Gu na h-Eileanan Sìorraidh fada air fàire.

Tha Bhalla cho falamh, cho aonaranach,
Bhon a dh'fhalbh thu, bhon a shiubhail thu,
Cho coimheach leam, mar gun do chaill e
A chridhe. Chan eil plosg ann.
Ach tha an taigh ud a' glacadh mo shùla,
'S dùil agam daonnan gun tig thu fhèin
Thar na starsaich gam choinneachadh.

Na lathaichean, na feasgair, a bhiodh againn,
Na còmhraidhean ciallach, cuspaireil, ceart,
Nuair a dh'fhairichinn doimhneachd m' inntinn
Ga riasladh le neart do bhreithneachaidh,
Mar gum biodh làn mòr làidir,
Sunàmaidh de thuigse, air bualadh orm,
'S na luban 's na lochan àbhaisteach,
Na glumagan beaga sgìreil gun seadh,
Gan glanadh, gan sguabadh don chuan mhòr
A bhiodh a' ceangal eilean ìseal Thiriodh
Ri saoghal inntinneil a' chinne-daonna.

Bha thu a' tuigsinn na sìde, gach latha
A' cumail do shùla air na neòil, na frasan,
Uairean na grèine, an ceò, na siantan uile
Agad fo smachd, agus, is math, a charaid,
Gun robh, leis gach stoirm mhosach a thàinig ort,
'S eadhon gach feasgar brèagha breugach
Le guin is mort na ghathan àlainn,
Fadadh-cruaidh falaichte
A rinn do chreachadh.

'S an dealbh dòrainneach ud –
Thu fhèin gach madainn a' siubhal na tràghad
Feuch an lorgadh tu corp Thorcaill.
Chì mi fhathast thu shìos am measg nan creag,
'S gun dòigh agam air do chuideachadh
Ach a bhith a' bruidhinn riut ann an Gàidhlig Thiriodh.
Cha dèanadh Beurla Lunnainn feum san uair ud.

A charaid ionmhainn, gun do shamhail san dùthaich,
Shuidh sinn còmhla, agus rinn sinn gàire,
Shuidh sinn còmhla, agus rinn sinn caoineadh,
Shuidh sinn còmhla, agus rinn sinn càirdeas
Nach sgar agus nach brist an làn as àirde,
Nach tèid a mhilleadh le tarbh-thonn brùideil
No le gaillinn, gus an latha a ruigeas mise
An caladh sgiamhach ud còmhla riut fhèin
Thall aig na h-Eileanan Sìorraidh.

MARAICHE A' BHANCA

Mar chuimhneachan air an duin'-uasal Uilleam Groat, nach maireann, fear a mhuinntir Arcaibh a bha na bhancair ann an Tiriodh, agus a bha roimhe sin a' seòladh air an 'Otter Bank', am 'banca-mara' aig Banca Rìoghail na h-Alba.

Tha do long an-diugh aig caladh
An taigh-tasgaidh Scapa Flow –
An 'Otter Bank' bha làidir, tapaidh
Ann an gaillinn nan tonn mòr;

Tha cuid marachd a-nis seachad,
Tha a crann an taic a beòil,
'S cha tig luasgadh oirr' ri maireann
An taigh-tasgaidh Scapa Flow.

B' iomadh là air cuantan Arcaibh,
'S sìoban mara geal fo sròin,
A thug i leatha fuasgladh airgid
Do na h-eileanaich le deòin:

'S Uilleam Gròt bha ciùin na fhacail
A' fulang sadadh fairge mhòir,
Air sgàth gach neach bha sireadh taice
Anns gach malairt bha fo sgòd.

Ach thuig thusa, Uilleim ghasda,
Nach b' e airgead bun an sgeòil;
B' ann nad chridhe bha am beairteas,
'S dh'fhosgail thusa dhaibh do stòr;

Sgeulachdan is fios mu mharachd,
B' e an cleachdadh bh' aig do sheòrs',
Oir bhuineadh tu do mhuinntir Arcaibh –
Bha do chorp-sa den aon fheòil.

Agus ann an Tiriodh fhathast,
Cluinnear d' ainm ga luaidh le pròis;
Bha thu mèinneil, bàidheil, taiceil,
'S bha do labhairt sìtheil, còir.

Thogadh tusa seòl gu snasail
Leis gach maraich' ann an spòrs';
Anns an rèis gum faicte d' eathair,
'S a crann a' snagail anns an t-sròm.

Dh'fhàg thu, Uilleim, dìleab againn
Nach fhaca sinne riamh a seòrs';
Dh'fhàg thu againn ciùinead d' anam
Am measg sadadh searbh na stoirm.

Tha thu fhèin an-diugh aig caladh
Fad o chrathadh nan tonn mòr;
An long 's am bancair a-nis taisgte
Ann an Arcaibh, tìr do dheòin.

DÒMHNALL MAC AN DEÒIR

Nach maireann

A Dhòmhnaill Mhòir Mhic an Deòir,
Nam biodh do long-sa fo sheòl,
Cha bhiodh sinne gun treòir nar n-èiginn.

Bhiodh tu ga stiùireadh le eòl
Gu caladh cinnteach ar deòin,
Am muir agus neòil fìor dhèistneach.

Bu tu fear curanta mòr
Bha fiosrach nad dhòigh;
Chan fhaighte do sheòrs' gun treuntas.

Sheas thu dìreach is còir
Às leth Albainn le pròis,
A' toirt cothrom da slòigh le èifeachd.

Bu chridheil d' aigne 's do cheòl
Nuair a thug thu do bhòid
Gum biodh Pàrlamaid chòir an Dùn Eideann.

B' e siud tonn-bhàthte gun dòigh
A sguab thu far bhòrd,
'S a mharbh thu le mòid lèirsgrios.

Nam biodh tusa nar còir
An-diugh 's sinn sa cheò,
Bhiodh do thaic is do threòir feumail.

Tha mise fhathast fo bhròn
'S mi gad ionndrainn gach lò –
A Dhòmhnaill ghasda bha mòr nad lèirsinn.

KAY NICMHATHAIN

Nach maireann

An-dè thainig an sgeul
Gun do chaill sinn an seud,
Kay NicMhathain bha sèimh, uasal.

Tè bu mhacanta gnè,
Bha socrach na mèinn,
Bho nach cluinnte an gleus buadhmhor,

Nach robh idir ag èigh,
Ach grinn agus rèidh,
Cur na Gàidhlig an cèill le suairceas.

Cha b' e trompaid le beuc
No àrdan ga sèid',
A dh' innseadh a h-euchd luachmhor;

Ach bilean cuimir nach geur,
Nach togadh a' bhreug,
Aodann àlainn le sgèimh shnuadhmhor;

Ged bu làidir a ceum
Toirt na Cloich às a stèidh,
Air slighe bha treun ga fuasgladh.

Thog i bhratach gun bheum
Gu h-àrd anns an speur –
Crann Alba le spèis don dualchas.

Tha Inbhir Àsdail fo neul,
'S tha cumha nar gleus,
Bhon a chaill sin an leug chuannar;

Ged bhios Lia Fàil ann am pèin,
Cha seo deireadh na rèis;
Bidh eisimpleir Khay a' buannachd.

9.7.2013

IAIN FEARCHAR ROTHACH

Nach maireann

Bu chinnteach ur ceum
Air mullach gach slèibh,
Iain Fhearchair nam beus uasal.

Sibh sgeadaicht' san fhèil',
Mar dhealbh air ur spèis
Don teanga 's don fhrèimh dualchais,

Thàinig thugaibh le cèill
Is tuigse da rèir,
Mar aiteal na grèin' air Cruachan.

Sheas sibh daingeann is treun
Am meadhan gach streup,
'S cha bhuaileadh sibh beum uamhais.

Cha b' e leantail an treud
Air sgath ur maith fhèin
Bha agaibhs' mar chreud gluasad;

Ach gu soilleir 's gu geur
Le rùn dìleas mar leug,
B' e fìrinn thug stèidh dur cnuasachd.

Mar oiteag nan speur,
Chluinnt' ur guth rèidh,
Gàidhlig ghlan cur an cèill fuasglaidh.

Duin'-uasal nur gnè,
Gàidheal laghach sèimh,
Bu taiceil ur gleus sa chruadal.

Bidh mòr-shileadh dheur
An Gleann Seile an fhèidh,
Bhon theasd am fear gleusda, buadhmhor.

Chaidh aiteal ur grèin'
Fo sgòth anns an speur,
'S cha chinnteach ar ceum bhon uair seo.

IAIN MAC ILLEATHAIN (RATHARSAIR)

Bha mise ag adagachadh anns a' chroit ann an Tiriodh nuair a thàinig an naidheachd gun do chaochail Iain MacIlleathain air an 20mh den t-Sultain 1970.

(1) Reachdaire Àrd-sgoil an Òbain

Chì mi gu bràth sibh fam chomhair,
Nur seasamh os cionn na staidhre,
Fiamh aoibhneil a' choibhneis
Air ur n-aodann Ratharsach,
Ur làmhan a' greimeachadh
Iomall ur gùin chosgte,
Ur deise chlò, ur brògan làidir,
Fear-coiseachd nan srath,
Fear-sreap nam beann,
Fear-misneachaidh nan sgoilearan,
Ur falt ruadh na fhleasg urramach
A' crùnadh na h-eanchainn bu ghèire
Ann an eachdraidh sgoilearachd
Na Grèige is na Ròimhe,
Ceann an t-saoidh a bu teòma
Ann an Cathair na h-Àithne,
Gun a shamhail riamh ann:
Irioslachd fo mhaladh Hòmair.

'A Dhòmhnaill, an cuala tu…
Bha fear anns a' bhail' againne…'
Sgeul èibhinn san dol-seachad
Mus tuiteadh dòraiinnean an latha
Air mo ghuailnean òga, fealla-dhà
Am meadhan foghlaim.

Na seann bhàtaichean a' deàlradh
Air Linne Ratharsair nur n-inntinn,
An 'Claidheamh Mòr', ur n-ulaidh,
Fo smùid a' seòladh do Phort Rìgh,
Na h-iasgairean a' seinn nan Salm
Ann an Loch Snìosart an sgadain,
An cleamhnas sìorraidh ud
Ri Dòmhnallaich an Aodainn Bhàin
Na bhann do-bhriste eadarainn
Air cuan cunnartach na beatha.

An latha ud a thàinig an droch sgeul,
Bha mi anns an achadh ag adachadh,
A' cròthadh bàrr prìseil an t-samhraidh,
'S eadar na sguaban a' leughadh
Bardachd Housman, air an robh sibhse,
Iain Bhig Ratharsair, Reachdaire, eòlach
Nuair a chuir sibh an ruaig neartmhor
Air uaislean àrdanach Chambridge
Le blas na Gàidhlig air ur Laidinn.

Thàinig fras obann às an sgòth,
Oiteag chas a' chaoinidh,
Na Georgics a' froiseadh
Nam chuimhne chreachte –

Is thàinig i an-diugh a-rithist
Gun rabhadh.

A shàr charaid, oide ghràdhaich,
Bidh sibh dhòmhsa mar m' fhear-iùil
Ann an achadh na sgoilearachd
Gus an latha a thruiseas mi
An adag mu dheireadh.

(2) Cumha Iain Ratharsaich

Ann an achadh na grèin',
B' e siud madainn nan deur
Nuair thainig droch sgeul ur bàis-se,

Iain Ratharsaich chòir
Bha cho faisg oirnn nur dòigh –
Cha robh Ollamh san Eòrp' cho sàr-mhath:

Chuir sibh eòlas an cèill
Gu tuigseach 's gu geur,
Gu h-iriosal sèimh, 's gu bàidheil:

Cur an t-sìl anns an sgrìob
A bhiodh torrach san tìr,
'S ga h-altram le brìgh gum fàsadh.

Bhiodh grian gheanail ur gàir'
A' tighinn thugainn le blàths,
Ged bhiodh an là grànd' 's gar sàrach.

Ach air madainn na grèin,
Fhrois am bàrr ann am dhèis,
'S shil frasadh nan deur on tonn-bhàthte.

IAIN MAC A' GHOBHAINN

Cluinnidh mi ur gàire nam chluais,
Ur cas dheas air a glacadh
Ann am basgaid an sgudail,
'S sibh a' cur charan leatha
Ann an seòmar dorcha ur dòrainn
Mu ar coinneamh-ne, na sgoilearan:
'I've put my foot in it this time'.

Seadh, Iain, 's sibh a' teagasg
Beurla chruaidh nan coimheach,
'S sibh na nas eòlaiche oirre
Na duine beò, gach car is cleas,
Gach ciall is lideadh leughaidh,
Ga cur gu a dùbhlan deàlrach

Dìreach mar a rinn sibh an latha ud,
Is basgaid an sgudail a' tionndadh
Na bàrdachd ùr ealanta leugaich
Air bhàrr ur n-òrdaig mhòir.

'DÒMHNALL BEAG'

Mar chuimhneachan air Dòmhnall MacThòmais,
fear-teagaisg na Gàidhlig ann an Àrd-Sgoil an Òbain.

Tha mi san t-seòmar agaibh fhathast,
'S am fear ud na chadal san t-suidheachan,
Srann aige gu sìtheil fo ur sròin,
'S an uair sin, 'Tait, a bhalaich, dùisg!'
Gach aon againn sgìth aig meadhan latha,
Fo eallach ionnsachadh na Gàidhlig,
A' leum leis a' chrith-thalmhainn.

Cha b' e sin dhuibhse idir, ged tha:
Cha do chaidil sibh riamh
Air gnothach Gàidhealach:
Cha robh stad a' dol oirbh
'Mus do bhlais an t-eun an t-uisge'
Air feadh na dùthcha
Eadar Hiort is Peart,
Eadar coimhearsnachd is comhairle,
Ur n-èileadh gu spreaghadh mu ur bodhaig,
Ur crios-meadhain a' dìosgail,
Ur sporan a' glagail le beairteas cànain,
Agus na sùilean beòthail biorach ud
A' tolladh tromhainn gun tròcair
Fo bhonaid Ghlinne Garadh.

Ann an Seòmar a Còig
Is ceann fèidh le cabar dosrach
Gu moiteil os cionn an àrd-dorais,
Chuir sibh a' Ghàidhlig gu neartmhor
Nar ceann is nar cridhe,
Agus bu truagh ar càradh
Nan caidleamaid!

AN T-ÀRD-OLLAMH RUARAIDH MACTHÒMAIS

Nach maireann

(1)
Dh'fhalbh sibh, a Ruaraidh,
Gu ciùin, socrach,
Mar osag ghaoithe
Thar monaidhean Leòdhais;
'S thàinig sgòth air Mùirneag
Is cìrean air an Loch a Tuath,
Agus air Cnoc Ille Mhoire
Laigh ceòban.

Ach cha d'fhalbh sibh idir,
Agus chan fhalbh.
Tha ur tùr togte,
Oir chuir sibh tùr anns gach inntinn
Nach leag oiteag no stoirm.
Chruthaich sibh bunaitean
A sheasas gu daingeann.

Chuir sibh pìos dhìobh fhèin annainne,
Ann an aol ar beatha;
Fairichidh sinn sibh a' gluasad,
Cluinnidh sinn sibh a' leughadh,
Chì sinn sibh a' sgrìobhadh,
Leughaidh sinn ar n-eachdraidh fhìn
Nur bhàrdachd
Gus am falbh sinne cuideachd.

Bidh ur gàire 's ur càineadh,
Gach fealla-dhà is gach feall-fhalach,
Gach cleas is car
A bha nur freumhan,
Ann an doimhneachd ar tùir.

Chì sinn sibh a' gluasad air ceòl nan Salm
Anns an t-seòladh shìorraidh,
A' dèanamh fiughair ri Alasdair Chaluim Alasdair,
'S ur sùilean beaga biorach fon dosan uaibhreach
A' cumail sùil air an tùr
Mar chomharradh-stiùiridh.

(2)
Chunnaic mi sibh a' seòladh,
A' tilleadh gu caladh,
A' 'Mhùirneag' 's a brèid donn a' bùcadh,
A beul gu bhith fodha 's i a' bòrdadh
Ann an sùil an fhuaraidh,
An t-slat dhaingeann a' dìosgail,
An sgòd teann gu bristeadh,
Niall Iain Ruaidh air na buill,
Alasdair Chaluim Alasdair aig an stiùir.

Sibh fhèin, mar bu dual,
Mar fhear-innse nan uisgeachan
Aig an t-saidh thoisich:
'Cùm i eag eile air a' ghaoith, Alasdair;
Teannaich an sgòd, a Nèill,
'S nì sinn caladh dheth gu rèidh.'

Solais Steòrnabhaigh air fàire,
Am bàgh mòr cinnteach a' fosgladh,
Fèath a' tighinn an dèidh doininn is riaslaidh,
An t-slat mhòr ga teàrnadh,
Am brèid donn ga phàsgadh,
A beul a' bualadh a' chidhe.

'Mach an sgadan, a Ruaraidh,
Gus am faic na marsantan
Toradh na h-oidhche,
Na basgaidean lainnireach
A choisinn sinn;
An ulaidh a fhuair thu fhèin
Às a' chuan luasganach.'

Agus chunnaic iad le ioghnadh
Iasg a' ghliocais 's an eòlais,
Nach fhacas a leithid riamh
Air còrsachan Alba.

R. GERAINT GRUFFYDD (1929-2015)

Chaidh mo ghrian-sa fo sgàil,
'S thàinig laigse nam chnàmh
Le sgeul bhrònach ur bàis, a Gheraint.

Thàinig oidhche seach là,
'S gach neach air a chràdh,
Gun cheilear air bhàrr nam meangan.

Bu sibh an lòchran a b' àill'
A' toirt stiùireadh don àl,
Mar thaigh-solais air bhàrr ar n-eilein.

Bha ur n-inntinn na h-àird
'S sibh a' sgrùdadh nam bàrd
Is saothair nan sàr a bha ealant:

Bho Dhaibhidh a' ghràidh
Gu Saunders an àigh,
Sheasadh daingeann air là na gaillinn.

Bha am Facal nur làimh,
Claidheamh dà-fhaobhar dàn,
'S bu sibhse mo bhràthair san earrainn.

'S b' e sin an solas le bàidh
Thigeadh thugam le gràs
Air dorch-oidhche ghrànd' gun sealladh.

Bha ur còmhradh gun tàir,
Is tuigseach seach càch,
Le sradag bheag gàir' air ur teanga.

Ann an Cuimrigh ur gràidh
Bidh iomadh cridh' air a chràdh,
Bhon a chaochail mòr-shàr agus ceannard:

Ach nam chuimhne-s' gu bràth
Bidh sibh a' deàlradh gu slàn –
Cha robh ur samhail san àit', a Gheraint.

CATHAIR Ó DOCHARTAIGH

Nach maireann

An duine beag sradagach ud
Le aghaidh bhiorach
Is sùilean beòtha
A' leum gu h-èasgaidh thar ghàrraidhean,
A' ruamhar ann an achaidhean,
A' cladhach ann an claisean,
A' nochdadh le toradh
Na h-inntinn ealanta,
Bàrr brìoghmhor ùr
Eadar pàirc is peann.
Sin agaibh Cathal.

Dh'fhàg sinn beannachd aige an-diugh
Ann an grèin chàirdeil na maidne,
'S i a' deàrrsadh air sliosan nan cnoc,
Ach thàinig fras mhòr stoirmeil
Ann am meadhan na seirbhis.

Dh'fhairich mi na clachan-meallain
A' bualadh gun tròcair air mo chlaiginn,
A' cur nam chuimhne, nam feumte,
Gum faod am bàrr a bhith air a fhroiseadh
Mus bi an latha seachad,
Mus ruig an tuathanach
A dhachaigh.

DH'FHALBH AN SLUAGH LEAT

Mar chuimhneachan air Dáithí Ó hÓgáin (1949-2011).

Fhuair mi sgeul do bhàis anmoch,
A charaid ionmhainn, 's mi air teicheadh
À cearcall cuibhreachail nan sgoilear:
Ach cha b' ionann 's mar a theich thu fhèin,
A' siubhal bhuainn cho luath
'S gun do shaoil mi an da-rìribh
Gun do dh'fhalbh an sluagh leat
Do Thìr nan Òg, far am bi thu
Ag èisdeachd ri sgeulachdan mòra,
Gan ionnsachadh 's gan aithris,
'S a' snaidheadh facail nan òran,
Nad fhile ionnsaichte
Gu sìorraidh.

'S e do dheagh ghean as cuimhne leam,
Fiamh a' ghàire air d' aghaidh ruitich,
Sruth nam facal a' taomadh asad,
'S tu gu sùnndach gar tàladh
Mar cheann na cuideachd
A thighinn còmhla riut
Do shaoghal eile, far an robh
Fionn is Diarmaid is Gràinne
'S an Fhèinn gu lèir
Fhathast beò, slàn.

Bha thu riamh air an starsaich,
A' gnogail air an doras,
'S cha bhi iad air an uilinn
Tuilleadh, ma tha thusa a-nis
Anns a' bhrugh!

AN T-URR. TEÀRLACH MAC EÒCHAIDH

(Terence McCaughey) Nach maireann

B' e sgeul ur bàis-sa, a Theàrlaich,
Rinn mo chàradh fo smalan an-dràsd,
'S sibh cho gasda 's cho bàidheil,
Deagh charaid na Gàidhlig 's gach àit';
Bu tric a sheòl sibh thar sàile
O Bhail' Àth' Cliath gu Alba ar gràidh,
'S sibh a' labhart gach Gàidhlig
Le sàr bhlas nam fileadh 's nam bàrd.

Bu sibhse àrd-aingeal na sìthe
Leis 'm bu bheag strì agus aimhreit ar là,
A' leantainn eisimpleir Chrìosda,
'S ag inns' mu mhì-bhuannachd gach blàir;
Bha 'n Tuaisceart nur n-inntinn,
'S gach oidhirp air sìth thoirt don spàirn,
'S bha sibh a' leantail na Fìrinn
Le sìobhaltachd laghach mar ghnàths.

Bu tric a bha mi nur cuideachd
'S sinn a' bruidhinn mu eachdraidh nan sàr
A thug dhuinn na Bìobaill mar ulaidh,
Bho Bhedell gu na Stiùbhartaich mhàld';
Chaidh sinn uair a sgrùdadh nan duilleag
A sgrìobh Uilleam le grinneas nan làmh,
'S e leagail dar dualchas sàr bhunait
Airson litreachas lurach nan Gàidheal.

Bha sibh sèimh mar fhear-labhairt,
Gun atmhorachd bhriathran nur càil,
Fear-ealain an taghadh nam facal,
Is gan snaidheadh le snas agus bàidh,
Sibh a' seachnadh àrdan is faram,
'S a' gabhail rathad bha iriosal, blàth;
Sin an rathad a lean sibh gu Flaitheas
Far am faigh ur n-anam deagh fhàilt'.

Mo bheannachd leibhse, a charaid,
A mhaireas nam chuimhne gu bràth,
A Theàrlaich bhràthaireil ghasda,
A thagh bean à Dùn Bheagain nam bàgh;
Tha an t-Eilean dom buin i fo smalan
Mun naidheachd gun d' eug a fear-gràidh,
'S tha sinne an Albainn ag athchuing'
Gum faigh i neart agus furtachd na cràdh.

9.2.2016

NEUL AIR AN LIOS

Mar chuimhneachan air Dòmhnall Mac Ille Dhuibh à Lios Mòr.

Tha neul air an Lios a-nochd,
Is trom sprochd air a' chaol,
Gruaim air gach coill' is cnoc
Bhon a dh'fhalbh am fear-gaoil.

Bu mheasail e air cliù a dhaoin'
Is chuir e leabhar air a dhòigh;
Dhealbhaich e an tasglann grinn
A tha gu h-aoidheil fo cheann fòid.

B' esan a thog ainm an àit'
Mar ionad àraich nan saoidh;
Is tha an sliochd a-nise crom,
Am mulad trom 's iad ga chaoidh.

Bha ealain an neart a làimh,
A' tarraing dhealbh air cairt bhàn –
Thigeadh long 's a seòl ri crann,
Do Phort Ramasaidh 's i làn;

Beairteas innt' o linn nan sean,
Ann am briathran geanail blàth,
Eachdraidh nan laoch nach mean,
'S euchdan gach neach bha làth'r.

A Dhòmhnaill, 's e gu fìor do chàrn
'N taigh-solais àrd ri taobh a' chaoil,
A ghath a' beannachadh gach tràigh,
A' cur sgàilean dorch' ma sgaoil.

B’ e sin a rinn thu fhèin nad là,
A’ lasadh slighe cheart le bàidh,
Rannsaichean a’ dol gad lorg,
’S aig do chagailt gheibhte fàilt’.

Tha thu nis sa chaladh chiùin,
Do shiùil ’s iad paisgte, gun lochd;
Ach cluinnear osnadh anns na tuinn;
Chan fhaighear aoibh san Lios a-nochd.

FLÒRAIDH NAN ÒRAN

Mar chuimhneachan air Flòraidh NicNèill.

Siud ur long dol seach an caolas,
A bratach leagt' is coltas aoig oirr',
Giùlan naidheachd nach eil aoibhneach,
Gun d'fhalbh a' bhean Bharrach choibhneil.

Bidh sinn uile geur gur caoineadh,
Cuimhneachadh gleus binn ur laoidhean,
Faicinn aghaidh mhaisich aoidheil,
Gar tarraing thugaibh ann an gaol dhuibh.

A Fhlòraidh chòir, bu bhrèagh' ur seinn leinn,
Dualchas Bharraidh ghrinn nam faoileag,
Neamhnaid chuain nur guth mar dhaoimean,
Gàidhlig Bharraidh 's binn ga cluinntinn.

Lìon sibh làn ar cup' le aoibhneas,
Chùm sibh sinn bho bhith a' faondradh,
'S thug sibh sinn gu cridh' ar daoine –
Turas slàn leibh thar a' chaolais.

21.5.2015

‘AIR MO CHUAIRT’

Mar chuimhneachan air Ealasaid Chaimbeul.

Madainn ghrianach gheamhraidh
’S na stoirmean balbh car tamaill,
Na h-eòin a’ seinn gu ceòlmhor,
Is faram thonn air cladach:

Bha sibh leam ’s mi meòrach’,
Ealasaid chòir nach maireann,
Air gach facal thug sibh dhòmhsa,
San leabhar fhonnmhor Bharrach.

Ur gnàthsan-cainnte beòthail,
Gàire ’s ceòl ’s gach facal –
Sin Gàidhlig àlainn m’ òige,
’S seann eòlaich ghràidh ga labhairt:

Nur leabhar tha an còmhradh,
’S na dòighean bh’ ac’ nan caidribh,
Mus tàinig oirnn an dòlas
Is bàs nan seòid bu ghasda.

An tràigh a-nis gam threòrach
Timcheall bonn na stalla,
Is fada bhuam gu ceòthach,
Chì mi beanntan Bharraidh.

Bhiodh eileanaich gu deònach,
Cur sheòl gu h-àrd ri crannaibh:
Bha Barra ’s Tiriodh còmhla
An cuan òir de Ghàidhlig bharraicht’.

Ach an-diugh 's mi dol nam ònar,
Tha gach tonn air fàs cho tana:
Is lèir gun d' theirig doimhneachd,
'S nach seòl an eathair fada.

CHOISICH SIBH AIR A' CHREIG CHRUAIDH

Mar chuimhneachan air Aonghas ('Ease') MacLeòid.

Choisich sibh air a' chreig chruaidh
Ann an Calbost,
Riasg na mòintich fo ur casan
A' bogachadh ur ceumannan,
Eadar feur is fraoch,
Eadar feannagan is fangan,
Eadar ceàrdaichean 's cairidhean,
Eadar eathraichean 's acfhainn,
Eadar làraichean is tobhtaichean,
Agus chùm sibh ur ceum
Dìreach.

Cha robh cùl-shleamhnachadh ann;
Tuisleachadh cha do rinn sibh,
Claonadh-seallaidh cha b' aithne dhuibh,
'S sibh ri faire air a' chuan luasganach,
'S air a' choimhearsnachd chaochlaidich,
Tonnan a' bleith a' chladaich,
Siantan ag ithe na tìre;
Ginealaichean a' treabhadh
'S a' buain gu socrach,
'S mu dheireadh gan cur fhèin
San ùir bhuig bhailbh,
A' fuireach ri Earrach.

Ach ribhse bha iad a' labhairt,
Na clachan ag innse sgeulachd,
Na fàrdaichean a' cur fàilte,

Na nàbaidhean a' còmhradh,
A' glaodhach nur cluais
Gus an tug sibh fois dhaibh,
Gus an do threabh sibh an naidheachd
Le sgrìoban cruinn
Air grunnd torach a' phàipeir,
A' tionndadh fonn nan duilleag
Le coltar geur ur pinn
Gus an tàinig toradh ùr
Earraich eile
Le fras na tuigse.

Anns an taigh-adhraidh
Taibhsean a' gluasad,
Bìobaill is Saltairean,
Is suidheachain a' dìosgail,
Is Salm a' falbh air an oiteig:
Cuibhreann mo chup'
Is m' oighreachd Dia
Air fonn 'Evan'.

Cluasan eile a-nis ag èisdeachd,
Sùilean eile a' faicinn
Tro uinneagan eachdraidh,
Cridheachan eile a' plosgail
Ann an ath-bheothachadh
Earrach ùr an Dòchais.

UAINE IS DEARG

Mar chuimhneachan air gach neach a chaidh a mharbhadh air Sràid na Bànrighinn ann an Glaschu air Diluain 20.12.2014, nuair a chaidh làraidh-sgudail air seachran millteach. Thàinig na smuaintean seo thugam air 6.1.2015 nuair a chunnaic mi na flùraichean a chaidh fhàgail air an oisean far an do stad an làraidh, an dèidh dhi sianar a spealadh. Bha solais-thrafaig, le Fear Dearg is Fear Uaine, air taobh eile na sràide.

Uaine is dearg ann am bòidhchead nam flùr,
Uaine is dearg a' glacadh mo shùl',
'S mi siubhal gu sòlaimt' air cabhsair tha brùit'
Le diombuaineachd beatha,'s am bàs fhathast cho dlùth.

Tha 'm Fear Uaine a' labhairt, 'Tiugainn thugam a-nùll,
Le dòchas nad chridhe, is là taitneach nad rùn:
Gabh an cothrom air aoibhneas, fhads a mhaireas do dhùil:
Thig, a charaid,'s bi sona aig Nollaig 's Bliadhn' Ùir.'

Tha 'm Fear Dearg a' labhairt, 'Air do shocair – le tùr,
Is cuimhnich nach maireann gach neach a gheibh iùl:
Gabh thusa mo rabhadh,'s bi faiceallach, ciùin,
'S gun fhios againn fhathast na dh'fhaodas tachairt gun diù.'

Air na cabhsairean cruaidhe tha dathan nam flùr,
Dh' aindeoin bagradh an latha, a' deàlradh tron smùid,
'S mi a' dèanamh mo roghainn le deòir ann am shùil,
A' cuimhneach' nam blàth dh'fhàg an speal ud san ùir.

Uaine is dearg ann am bòidhchead nam flùr,
Uaine is dearg a' glacadh mo shùl',
'S mi siubhal gu sòlaimt' air cabhsair tha brùit'
Le diombuaineachd beatha, 's am bàs fhathast cho dlùth.

BEINN NAN LUS

Mar chuimhneachan air a' bhan-Tirisdich, an Dr Mairead Anna NicIlleathain, agus a cèile Daibhidh Rous, a chaidh a mharbhadh ann an tubaist-adhair air Beinn nan Lus ri taobh Loch Èite air 4.4.2015.

Air Beinn nan Lus, bidh gach flùr a' fàs,
San oiteig Earraich tighinn fo bhlàth,
Dreach a' chinneis anns gach àit'.

Air Beinn nan Lus, tha nise sgàil,
Dorchadas is dubhar pràimh,
'S gach leathad dhith fo chuibhrig cràidh.

Air Beinn nan Lus, chaill sinn flùr màld',
Mairead Anna 's a cèile gràidh,
Còmhla ann an cadal bàis.

Air Beinn nan Lus, bidh mi gu bràth,
A' smaointeach' air an dithis àill,
Gam faicinn is iad fhathast slàn.

Air Beinn nan Lus, bidh dà fhlùr a' fàs,
San oiteig Earraich tighinn fo bhlàth,
Dreach am bòidhchid anns gach àit'.

CUMHA THEÀRLAICH CHEANADAICH

A Theàrlaich, a charaid,
Tha mise fo smalan,
'S mi cluinntinn naidheachd do bhàis.

Mi 'n seo ar uachdar na mara,
'S na tonnan gam shadadh,
'S làn-neart na slad seo an-dràsd',

An impis cur car dhiom,
Le truimead na saille,
Is iùbhrach do bheatha nis bàitht'.

Bu tusa bha gasda
An àm pèin agus carraid –
Cha robh aon ded shamhail san àit'.

Thigeadh tu faisg orm
Le briathran bha gasda,
Is cridhe mòr farsaing làn gràidh.

Bu bheag leat a' charachd
Aig sliomairean fasant' –
Mar Bheinn Nibheis do sheasamh 's do ghnàth.

Do cheann àrd ris a' ghaillinn,
Ge bith taobh thigeadh atachd,
Is tu gu cinnteach a' marcachd tron bhlàr.

Och, a Theàrlaich, a charaid,
Chan eil agams' na facail
A chuireas mo smalan air clàr,

An seo air uachdar na mara,
’S latha liath orm a’ glasadh,
’S gach tonn togail naidheachd do bhàis.

MV ‘Boudicca’, 2.6.2015, An Cuan a Tuath.

‘NORTH ARGYLL’

Mar chuimhneachan air Alasdair Camshron. Bha Alasdair ann an Dachaigh-Chùraim Dhail an Tairt anns an Oban nuair a bha mise anns an Ard-Sgoil eadar 1965 is 1967. Bhiodh e a’ sgrìobhadh earrann (is barrachd) gach seachdain anns an ‘Oban Times’, fon ainm-phinn ‘North Argyll’. Bha mi air leth moiteil gun do choinnich mi ris, agus gun robh sinn nar dlùth chàirdean mus do chaochail e. Bha e cho taitneach a bhith na chuideachd. Chan iarrainn-sa na b’ fheàrr. Seo mi a-nise a’ cur clach air a chàrn – lethcheud bliadhna (cha mhòr) an dèidh dhuinn coinneachadh.

Ann an siud ann an Dail an Tairt,
Le speculairean dubha ’s cion lùth
Nur casan cruadalach cinnteach
A bha uaireigin cho siùbhlach,
Shuidheadh sibh gu càirdeil,
A’ fuireach ris a’ bhalach Thirisdeach
Gach feasgar Sàbaid a’ tighinn air chèilidh.

Bha sibh cho grinn, socrach, sìobhalta,
Ur latha corporra a’ ciaradh,
Caol Muile a’ dol fo sgleò air an astar,
Ach fhathast bha a’ ghrian a’ deàrrsadh
Air a’ Bheinn Shianta ’s air Cille Chòmhainn,
Agus thigeadh lasair na h-òige na làn neart
Nuair a chuireamaid cuairt air Suaineart Buidhe,
Gach rathad a chàraich sibh le spaid is greabhal,
Is gach toll a lìon sibh a thoirt turas sìtheil
Do dhaoine eile air leathadan corrach, cas,
Na Morbhairne àlainn fhalaimh.

Chàraich sibh rathaidean na h-eachdraidh,
Alasdair, le ur dìcheall le peann is inntinn,
Agus tuill an fhiosrachaidh gach seachdain,
Thionndaidh sibh nan tobraichean eòlais.
Thug sibh an dìthreabh fo bhlàth,
Agus rèitich sibh an t-slighe.

Shuidheadh am balach Tirisdeach
Gus am feumadh e falbh, ge b' oil leis,
'S e a' faicinn lainnir nan seòl siùbhlach
A' fiaradh Rudha Àird nam Murchan,
Caol Muile beò le luingeas nan linntean,
Na gaisgich a' cur a' chatha shìorraidh,
Croitearan Bhuarblaig a' riasladh ris na feannagan,
Agus 'Caraid nan Gàidheal' le ite a' chruthachaidh
A' sgrìobhadh le gàire air aodann
Duilleagan 'An Teachdaire Ghaelaich'
Anns a' Mhansa am measg nan craobh.

Tapadh leibh, Alasdair, airson gach rathad
A rèitich sibh dhòmhsa, gach ceangal a rinn sibh
Eadar slighean na h-eachdraidh,
Mus do thriall sibh fhèin
Air an rathad fhada mu dheireadh.

DÙGHALL BOCHANAN (1716-1768)

(1) Dùghall a' Mhuilleir

Rugadh Dùghall Bochanan ann an Àrdach, ann an Srath Eadhair, far an robh athair na mhuillear.

Rugadh sibh fon t-Sìthean, a Dhùghaill,
An Saoghal Eile os ur cionn ann an Àrdach
Aig tùs ur latha, agus na daoine-sìthe
A' dannsa mu ur casan. Bha sibh riamh
Eadar dà shaoghal.

Allt bras a' mhuilinn a' dòrtadh
Gun lasachadh bhon t-Sìthean,
A' toirt cumhachd don roth mhòr ud
A bha a' bleith sìol saoibhir na beatha,
Na clachan-muilinn a' sìor thionndadh,
A' toirt min mhìn rèidh às gach ball
De ghràinn abaidh nan achaidhean,
Am muillear a' stiùireadh nan clachan cruinn,
Gan stad, 's gan cur an sàs, gan teannachadh,
Na coimhearsnaich a' tighinn 's a' falbh,
Is biadh prìseil a' luchdachadh nan each
Air gach slighe chas an Srath Eadhair.

Bha sibh beò eadar sìorraidheachd is sìol,
Ur sùil gu h-àrd air Latha a' Bhreitheanais,
An Sìthean na lasraichean teine,
Na beanntan a' taosgadh mach an sruth òir,
Am feadh 's a bha sibhse a' bleith nam facal,
A' cruthachadh nan dàn biothbhuan
À sìol dhaoine eile.

Chan ioghnadh ged a bhitheadh na h-ainglean
A' dannsa an-diugh air an t-Sìthean ud,
A' cumail cuimhne air Dùghall a' Mhuilleir,
A rinn a' mhin shìorraidh.

(2) Aig Ceann Loch Rainich

Ann an siud aig ceann Loch Rainich,
Is faileas ghorm Sìdh Chaileann a' sìneadh
Ghàirdeannan fada càirdeil thugaibh,
Is tonnan frionasach an locha ri faram,
Shaothraich sibh, le beul is peann
Is pàipear is leabhraichean is cridhe làidir,
Eanchainn a bha cho geur ri claidheamh dà-fhaobhar
Ann am Bliadhna Theàrlaich, ged bu bheag leibh
Ar a-mach. Bu sibhse gaisgeach treun na sìthe:

Ann an gainntir dubh an fhoghlaim, nur tràill uasal
A' teagasg fìrinn beatha is bàs is sìorraidheachd
Do chloinn nan ceannairceach gun rian, gun diù,
'S ur luchd-fasdaidh spìocach doicheallach,
Sàr Chrìosdaidhean ann an sùilean cuid,
Ceart coma mu ur dèidhinn, 's a' diùltadh
Sgillinnean suarach ur tuarasdail.

Cha b' e sin dhuibhse, a charaid, is ur n-anam
Cho fonnmhor, fialaidh, farsaing, foghainteach,
A' cuideachadh gach neach ann an èiginn,
A' cur Gàidhlig uasal air a' Bhìoball,
A' cur sealladh brìoghmhor nan Gàidheal
Air òrain spioradail na Beurla,
'S sibh eadar Raineach is Dùn Èideann,
Eadar Bun Rainich is Geatachan na Glòire,
A' lìomhadh ur searmoin, a' cur loinn
Air ur briathran snasail, uasal, àrda
Ann an solas àlainn gach ùr-mhaidne,
Agus ann an ciaradh mùgach na grèine
A' gabhail beachd air gleann dorcha
Sgàil a' bhàis, is lainnir nan ainglean
Nur sùilean fa chomhair breitheanais.

Thug iad bhuaibh ur tuarasdal mu dheireadh,
Ach bha sibhse deiseil – thog sibh oirbh dhachaigh,
Cha b' ann do dh'Àrdach an turas seo, ach do Nèamh,
Mus feumadh sibh tagradh eile a sgrìobhadh
Gu Comann Cealgach na Crìosdaidhean Mòra.

Fhuair sibh an duais mhaireannach, is cinnteach,
Is cuid dhith sgrìobhte ann am facail òir
Nach bàsaich nar cridhe-ne
Gu sìorraidh.

IONNDRAINN BÀIRD

Mar chuimhneachan air Iain mac Ailein, Bàrd Thighearna Cholla, a thogadh anns a' Chaolas.

Air oidhche na h-imrich, Iain,
'S grian an fheasgair a' dol fodha
Gu dearg-theinteach san àird an iar,
Sheòl thu air 'Economy' nam brèid geala,
'S ghabh thu seachad air eilean d' òige.
Bha do shealladh thar Ghunna
Gu Muile nam mòr-bheann,
'S air eilean Cholla thar an t-srutha
Bhon Urabhaig mhachrach, chlachach
Ann an eilean do dhùthchais.

Seo mise gad fhaicinn nam inntinn,
'S tu aig a cliathaich, a' sìor amharc,
Gus an do dh'fhairtlich air do shùilean
Cnoc MhicDhùghaill 's an seann taigh
A thogail air fàire, 's na deòir a' sruthadh,
An dealachadh mòr, deireannach sin,
An sgaradh eadar dà shaoghal,
A' leudachadh, ge b' oil leat.

Bha do chùrsa leagte,
Do cheann-uidhe cinnteach,
Ach bu luaineach a' mhuir
Fo dhruim do luinge,
'S an cridhe a' tulgadh
Fa chomhair nan coilltean gruamach.

An-diugh tha mise cuideachd a' feuchainn
Ri Cnoc MhicDhùghaill a lorg air astar,
Dà cheud bliadhna an dèidh dhutsa triall,
Agus bunaitean an t-seann taigh ud fhaicinn
Anns an fheur bhog, bhrìoghmhor
A tha a-nise a' còmhdach nead d' òige,
Far an robh stèidh do bheatha,
Far an cluinnte na h-òrain,
Far an robh na clachan cuimir
A' cur dìon ort bhon onfhadh,
'S ag altram do bhàrdachd.

Chan fhaca mi sian idir,
Tobhta no làrach,
Ach caoraich ag ionaltradh,
Curracag na h-aonar
Ag èirigh air an oiteig
Thall mun Mhìodar,
Fadadh-cruaidh eireachdail,
Ioma-dhathach air cearcall mòr a' chuain,
'S am bàt'-aiseig cumhachdach
A' seòladh gu Barra.

MAITHEANAS

Mar chuimhneachan air Nelson Mandela.

Nuair a dh'fhàg sibh Eilean Robain,
Cha b' ann le mort nur cridhe,
Cha b' ann le gràin nur n-anam,
Cha b' ann le teine nimheil nur sùilean,
Cha b' ann le gunna a' losgadh nur làmhan,
Cha b' ann le cuthach dearg nur n-eanchainn,
Cha b' ann le bàs dubh lobhte nur casan,

Ach le ceum na sìthe,
Grèim a' chàirdeis,
Lainnir an dòchais,
Blàths a' choibhneis,
Spiorad a' mhaitheanais,
Fiamh-ghàire socrach.

Dh'ionnsaich sibh ur ciùird
Ann an cuaraidh mhilis shearbh a' chruadail;
Bha an gearradh-chlach ceart
A-nise fa-near dhuibh;
Cha b' e clachan aoil
Ach clachan beò
Air am bualadh sibh
Ur gilb shèimh,
Chinnteach.

Mu dheireadh shuidh sibh,
Leig sibh seachad ur n-acfhainn,
Agus rinn sibh ur tiomnadh.

Rinn sibhse an gearradh:
Dh'fhàg sibh an snaidheadh
Againne.

JFK

Lethcheud bliadhna, an duirt sibh?
Tha an oidhche ud cho soilleir leam
'S ged a b' ann a-raoir fhèin a thachair e –
Ri taobh teine ann an Tiriodh,
An cat ga gharadh ris an teas,
A' cur nan car 's a' sgaoileadh a spògan,
A' ghaoth a' feadaireachd san t-similear,
'S mi cho seasgair, blàth, a' sìneadh
Mo chasan fhìn air a' bheing.

Nam làimh leabhar làn de chlàran,
Reader's Digest Great World Atlas,
Am fiosrachadh a' taomadh às,
Ceithir ranna ruadh an domhain fam chomhair,
Tuigse an t-saoghail agam nam uchd.

Naidheachdan nan naoi uairean
A' tighinn le toirm an tàirneanaich –
Gaisgeach Òg an Taobh Siar
Marbh ann an grian an fheasgair,
Clàr an t-saoghail a' spreaghadh
Ann am meadhan an t-seòmair.

Na peilearan ud a losgadh
Ann an Dallas, ar leinn,
Leag iad Conn Ceudchathach,
Cù Chulainn,
Fionn mac Cumhaill.

Bu mhòr ar caoineadh –
Ar n-ulaidh, ar leug, ar neamhnaid,
Gràdh nam bàrd 's nam fileadh,
An crann a b' àirde san abhall.
Gaoid no gaiseadh cha robh ann.

Lethcheud bliadhna on oidhche sin,
Tha a' chuimhne fhathast soilleir, geur,
Ach chaidh an teine às o chionn fhada,
Ghrod leabhar mòr an t-saoghail,
Sgaoil a' ghaoth ceò neochiontach na brèige,
Agus chan eil sgeul air gaisgeach.

CARRAGH-CUIMHNE AN DOTAIR

Ann an siud, os cionn a' Bhàigh,
Sheas thu fad nan linntean stoirmeil,
A' cuimhneachadh an Lighiche Ghràdhaich,
An Dotair uasal Bochanan,
A leighis gach eucail is easlaint:
Clach làidir Thiriodh ann ad chorp,
Bunait dhaingeann fod bhonn,
Gus an tàinig an oiteag dheamhnaidh
Dheireannach ud, agus thuit thu
Nad chriomagan air slios a' chnuic.

Chan fhaca sinne gun robh fàillinn mhòr annad,
Is shaoil sinn gum biodh tu nad sheasamh
Gu sìorraidh, a' cumail sùil air gach ginealach:
Gum biodh tu buan is maireann leat fhèin,
A' toirt taic dhuinne, 's gun fheum agad
Idir, idir air taic sam bith bhuainne:
Ach thàinig oidhche an dearbhaidh oirnne,
Agus bha ar fàillinn fhìn follaiseach
Ann an spealgan do sgrios.

A-nis cha ghabh thu leigheas:
Chan eil ìocshlaint ann an Gilead
No ann an Tiriodh do ghràidh
A fhreagras air do chreuchdan corrach,
Agus cha leig sinne a leas iarraidh ort
Plàsd fhaighinn dhut fhèin,
Oir dh'fhalbh an Lighiche Gràdhach
O chionn fhada: an-diugh
Tha spruidhleach do dhìleib bhriste
Air ar làmhan fhìn.

'BHEIR MISE SUAIMHNEAS DHUIBH'

Tha na facail sin air an snaidheadh air a' chloich-uaighe aig an Urramach Iain MacGriogair Caimbeul ann an Circeabol. B' esan minister-sgìre Thiriodh eadar 1860 is 1891. Tha calaman geal air a shnaidheadh air crann na cloiche.

Mas ceart an t-iomradh a chuala mise –
'S chan eil ann am beul-aithris ach breugan –
Cha tug sibhse mòran suaimhneis don eilean seo:
Thàinig sibh le còmhstri agus connspaid
Eadar Diùc is daoine, eadar gràs is gruaim.

Ach rinn sibh rud nach do rinn a' mhòr-chuid
De luchd nan coilearan cumhang cràbhach:
Bha sibh fritheilteach air cor an dualchais,
A' tadhalt anns gach bothan far am faighte
Soisgeul saoghalta nan naidheachdan faoin
Is laoidhean na Fèinne seach laoidhean Dhè,
'S an droch shùil seach grian na fìreantachd,
'S chùm sibh cuimhne orra nur dòigh fhèin
Gus an do nochd an clò às a' bheairt
A bha a' glagadaich gu buannachdail,
Ged nach robh ur slàinte mar a bu chòir.

Mar sin, a Mhinisteir Mhòir nach maireann,
Tha mise, ge b' oil leam, nur fiachan, is cuiridh mi
Clach urramach mo spèis air ur càrn, is cumaidh mi
Ur carragh-cuimhne glan a dh'aindeoin caitheimh,
Gus an leugh ginealach eile ur n-ainm,
'S gus am faic iad calaman geal an t-suaimhneis
A' gabhail iteig os cionn nan stoirmean,
Gu h-àrd sìtheil air ur crann.

HIORT

An latha ud ann an Hiort,
Ceò fuar dùmhail air Conachair
'S grian theth a' dian-sgoltadh
Mol is clachan a' bhàigh,
Bha mi eadar a bhith beò
'S a bhith marbh, air udalan
Eadar saoghail, eadar tùsan
Is crìochan, eadar iomallan
Is meadhain, eadar ròlaist
Is da-rìribh.

A' coiseachd tron bhaile,
Taibhsean anns na cagailtean,
Mi fhìn air an starsaich
Eadar eagal is annas,
Eadar an-diugh 's an-dè,
Eadar cleit is cladh,
Eadar corp is anam,
Eadar adhradh is dìteadh,
Eadar sgoil is eaglais.

Ann an leth-sholas an eadarais,
Bha an 'Dunàra' a' seinn
Dùdach mhòr na h-imrich,
Fhad 's a bha mi a' fuireach
Gus an tilleadh na fir
O bhith sealg nam fulmairean
Ann am Boidhearaidh,
'S na Sailm air am bilean,
Eadar nèamh is talamh.

Chunnaic mi toiseach an t-saoghail
Agus ceann-uidhe mo bheatha
An àiteigin eadar Lèibhinis
Agus cìrean sgorach an Dùin,
Mus do sheòl mi mu dheireadh
Eadar mòralachd Stac an Armainn
Is greadhnachas Stac Lì,
Is grian an fheasgair
A' ciaradh anns a' cheò
'S mi a' dol dhachaigh
Ann an cop geal na mara
Eadar Hiort is Uibhist
Eadar aoibhneas
Is bròn.

BEAUMONT-HAMEL

Air feasgar Earraich am Beaumont-Hamel,
'S am machair Frangach a' sgaoileadh rèidh,
Na h-eòin ri ceilear le fead is aighear
Gu h-àrd san adhar an gorm nan speur:

Tha mise coiseachd le cas nach lagaich
Suas gu 'n charragh ud thall leis fhèin,
Do na h-Earra Ghàidhealaich a chaill an anam
San talamh eabair a shluig gach ceum.

An siud gu snasail gum faic mi facail
Mu chliù nam balach a sheas gu treun;
A' Ghàidhlig mhacail bha iad a' cleachdadh,
'S i cainnt a' charraigh gu rè nan rè.

Na gillean gaisgeil a chaidh romhainn,
Tha cuid gun ainm ac' nan laigh' sa chrèidh:
'Do Dhia a-mhàin tha 'àdsan aithnicht" –
Gach dàrna clach a' toirt dhuinn an sgeul.

Sa chlachan chuimir aig ceann an achaidh,
Dà shreath de leacan gu geal ri grèin:
'A nàmhaid bhàsmhor, cà bheil do ghath-sa?' –
'S e sin a' cheist a th' aig aon mar stèidh.

Air feasgar Earraich am Beaumont-Hamel,
'S am fonn a' gealltainn deagh thoradh dèis,
Co 'n-diugh a chreideadh gun treabhadh batal
An tìr na h-eabar 's na boglaich bhrèin?

Na h-eòin ri ceilear gu h-àrd san adhar,
A' seinn gu snasail le iomadh gleus –
Is fada sin bho gach urchair mhallaicht',
'S bhon ghunna ghrànd' leis a' bhàs na bheuc.

Bha 'n ceòl cho milis, cho grinn 's cho fallain,
Gun do bhris e m' anam nuair bha mi 'g èisd',
Is dh'fhairich mise, ged bha mi smachdail,
Mo shùil le smalan a' frasadh dheur.

DUBHADH NA GRÈINE

Is math an dorchadas uaireannan,
Is math na sgàilean dubha
A thig gu socrach air grian ar latha,
A' cur an t-solais gu dùbhlan dorcha,
A' cur glas-ghuib air ceilearadh nan eun
Car tamaill.

An cruinne mòr ud ga dhubhadh às
Ach rìomball deàlrach foidhe,
A' seòladh tro na sgòthan clòthach,
A' cumail air tron cheò bhog,
Tro na siantan àrda àbhaisteach
Gus an nochd e a-rithist
Air taobh thall na duibhre.

An uair sin, chì sinn an deàrrsadh
Nach fhuiling sùilean ar cuirp,
Lànachd an t-solais ghlòrmhoir,
'S an ceòl a' tilleadh,
Na sgàilean a' teicheadh,
Anns an là iomlan.

PÀRANTAN IS DLÙTH CHOIMHEARSNAICH

CALL MÀTHAR

Càit a bheil ur n-inntinn an-diugh
'S gun stiùir na cuimhne agaibh?
Càite idir a bheil ur cùrsa?

Tha fradharc anns na sùilean agaibh,
Ach tha iad gun chomas sealltainn
Air an duilleig a tha mur coinneamh,
No air an dealbh a tha mise a' toirt dhuibh
An-dràsda fhèin de charaid air an robh sibh eòlach,
Mar nach biodh ceangal agaibh
Idir, idir, idir, air dhòigh sam bith,
Ris an t-saoghal a th' ann no bh' ann.

Càite mar sin a bheil na lathaichean a dh'fhalbh?
An do theich iad, 's gun sgàil dhiubh air fhàgail?
A bheil sibh gan sireadh, no a bheil iad caillte
Ann an cochall falamh far an robh cuimhne
Gheur, thuigseach, ealanta, gun mheang,
Cho clis ris an dealanach,
Uaireigin an t-saoghail?

Ged a bhitheadh lorg orra, chan eil neart annaibh
Airson ciall a dhèanamh dhiubh.
Tha sibh nur suidhe balbh
Ann an cathair na sàmhchair,
Nur leth-chadal, le corra chlisgeadh cuirp,
Ann an ceò coimheach, fuar, fad às.

Ach fhathast, tha sibh ag ràdh,
Nuair a thig mi air chèilidh,
Gu bheil sibh cho toilichte m' fhaicinn,
Ach an còrr chan abair sibh.
Dè an seòrsa faicinn a tha ann?
Dè an seòrsa toileachais?
Dè an seòrsa aithneachaidh?

Cò mi? Is cò sibhse a-nise?
Chan eil mise a' faicinn mo mhàthar
Ach a-mhàin faileas den bhoireannach
A b' aithne dhomh o shean
'S i uaireigin òg, beòthail.

Thàinig an gadaiche seòlta ud
Agus ghoid e sibhse bhuaibh fhèin
Agus bhuamsa. Dhrùidh e asaibh
Spiorad an aithneachaidh,
Ach le truas brùideil a' bhreitheanais
Dh'fhàg e againn mar chofhurtachd
Na cnàmhan brisg agus an craiceann tana.

Nuair a nì ur cridhe am plosg mu dheireadh,
'S e am fuidheall truagh sin a-mhàin
A bhios sinn a' tìodhlachadh gu sòlamaichte
Ann an gainmheach mhìn bhog Thiriodh
Os cionn osnadh na mara.

'S fhada bhon a shiubhail
Mo mhàthair ghràdhach-sa,
Agus tha mise ga caoidh
Ged a tha i fhathast beò.

DEALACHADH

10.4.2014

Rinn am mart nuallan anns a' phàirc
Am meadhan na h-ùrnaigh,
'S bha an oiteag a' dannsa
Leis na duilleagan pàipeir,
Na flùraichean a' crathadh
Gu h-aotrom air uachdar na ciste,
A' ghaoth eadar na taighean
A' sguabadh m' fhuilt, a' cluich
Le comharraidhean na h-aoise.

Saoghal mòr geal grèine
Timcheall oirnn, latha nèamhaidh,
Na sgòthan ionraic anns an adhar,
An cuan cho farsaing, gorm,
Muile air fàire, 's a' Bheinn Mhòr
Ri faire shìorraidh, 's tràighean Cholla
A' deàrrsadh air taobh eile a' chaolais.

Na seann chàirdean air cruinneachadh
Air a' mhachaire fheurach,
'S e air cruadhachadh an dèidh tuiltean
Is stoirmean a' gheamhraidh.
A' mhosaich mhòr seachad,
Sìth air an talamh
Car tamaill.

An seann taigh air ur cùlaibh,
Taigh nan iomadh cuimhneachan
A' fàgail a bheannachd bhlàth,
Agus taigh nan iomadh aite-còmhnaidh
A' dèanamh fiughair ribh.

SIREADH

Tha an taigh seo air fàs cho mòr,
Cho farsaing, cho falamh, cho balbh,
Cho sàmhach bhon a dh'fhalbh sibh,
Ged nach robh sibh ann tric
Anns na bliadhnachan bliana ud
Mu dheireadh.

Ach fhathast bha ur spiorad ann,
Ur làthaireachd, ur faireachdainnean
A' lìonadh dhòmhsa gach uair,
De gach latha, de gach seachdain,
'S bu bhrìoghmhor ur companas
Ged nach fhaicinn sibh
Ach mar fhear-tadhail
Gach feasgar.

Tha falamhachd neònach
Nam inntinn cuideachd,
Toll ann am balla mo smuaintean,
Ceò air sealladh mo mheanmna,
'S solas beag biorach mo chuimhne
A' sìor shireadh anns an dorchadas
Fiamh a' ghàire air ur n-aodann
Nuair a chìtheadh sibh mi
Air an starsaich.

DON FHEADHAINN NACH DO THILL

Mar chuimhneachan air m' athair.

Nuair a dh'fhalbh sibh 'nùll thar chuantan',
Athair is màthair 's an còrr den teaghlach,
Dh'fhàg sibh an gille beag leis fhèin,
Gun athair, gun mhàthair ri thaobh,
Ach seanair is seanmhair.
Agus a rèir choltais bha iadsan
Gu math na bu choibhneile
Na bha sibhse:
Thog iad an gille beag,
Agus thog esan iadsan,
Gach uair a thuit iad
Le cudthrom na h-aoise,
Agus chuir e iad
Anns na cisteachan.

Fhritheil e air an ath ghinealach,
A' cur a' bhuntàta, a' choirce, an eòrna,
Gach bàrr is bathair a dh'fheumte,
Gan togail 's gan leagail,
Gan cur is gan caithris,
Gun smuaint air fhèin,
Ach a-mhàin a bhith dìleas
Don ghairm leis an do ghairmeadh e,
Agus cha b' e gairm talmhaidh
Saoghalta suarach
A bha ga bhuaireadh.

Chuala sibhse an gairm eile:
Dh'fhalbh sibhse, 's cha do thill;
Dh'fhan esan, 's cha d'fhàg,
Gus an d'fhàg an anail e
'S e air a chlaoidh
Leis an spàirn a thug sibhse dha
Mar dhìleab às leth ur teaghlaich.

'Fhuair mise a' chuid a b'fheàrr dheth' –
B' e sin a bhinn thròcaireach orrasan
A rinn dìlleachdan dheth air sgàth
Turas-cuain a' bheairteis
Nach do lorg iad.

LAINNIR

Doilleireachd air a' chladh,
M' inntinn dorcha fo bhrat sgàile:
Mo cheum trom aig gach clach,
'S mi cràiteach aig leac mo phàrant:

An dithis a thug gràdh dhomh òg,
'S a bha beòthail coibhneil, càirdeil,
An-diugh, tha an cuirp gun deò,
'S an anaman ri ceòl sna h-Àirdean:

Ach seall an lainnir air a' chuan,
'S drithleann uasal tuinn na tràghad:
A' Bheinn Mhòr a' dèanamh luaidh
Air latha na mòr-bhuaidh air fàire:

An long bheag a phàisg gach seòl,
Bidh i deònach triall thar sàile,
Nuair a thogar sgàil nan sgòth,
'S a dh'fhògrar doilleireachd an dàin seo.

FRAS MHAIDNE

Bhon a tha sibh nis nur cadal
Anns a' chladh ud thall,
Chan eil sibh tuilleadh air ur sgaradh,
Ach a' daingneachadh na bann,

A thug sibh còmhla air an talamh-s'
Le gràdh nach d'fhannaich call:
Gu bràth bidh sibh an sin nur laighe
An taic a chèil', gach ball.

An-diugh an uair a ghabh mi 'n rathad
Gu bàt'-aiseig mòr nan Gall,
Dh'fhairich mi ur gaol gam tharraing,
Is shil an fhras na steall.

Ceidhe Scairinis, Eilean Thiriodh, 6.9.2014

NIALL AILEIN

Mar chuimhneachan air Niall MacPhàidein,
fìor dheagh choimhearsnach san Àird Deas.

Chì mi fhathast ur ceum
A' tighinn thar dìge le leum,
'S sibh le sùbailteachd fèidh anns a' phàirc.

Ceithir fichead gu rèidh,
Ach an òig' anns gach fèith,
A' ruith thugainn le spèis anns gach cnàmh.

Gach sguab is a cèil'
Dol don adag gun bheud,
'S sibh cho gnìomhach ri ceud anns an àit'.

Ur guth is ur gleus
Ann an innse nan sgeul,
Cho aighearach geur ri sàr bhàrd.

An Innis Choinnich nur rè,
Thàinig taibhs às ur dèidh,
Ach ruaig sibh a' bhèist le neart làmh –

Air oidhche gun leus
No solas san speur,
Dol thar stalla le beum air an tràigh.

Bu sibhs' an coimhearsnach treun
Nach faiceadh duine am feum,
Ach a thigeadh 'n àm èis le mòr ghràdh.

Mar eun air an sgèith,
Mar aiteal san speur,
Tha ar beatha gu lèir is ar dàn:

Ach bha sibhse, a Nèill,
Mar dheàrrsadh na grèin',
A' cur toradh san dèis air gach bàrr.

Gus an imich mi fhèin,
Chì mi daonnan ur ceum,
'S ur n-aodann le meud ur deagh bhàidh.

IONNDRAINN CHOIMHEARSNACH

Rinn mi an duanag seo uaireigin mu 1990, nuair a chaochail Teonaidh Nèill Ailein, fìor dheagh choimhearsnach, am measg iomadh coimhearsnach gasda eile. Dh'fhàs am baile cho sàmhach nuair a dh'fhalbh na fir sin.

Bha mi 'm bliadhn' sa Chaolas
'S cha b' aoibhneil leam mo chuairt;
Bha falamhachd bha aognaidh
Cur gaoirsinn ghèir nam smuain:
Tha a' choimhearsnachd bha coibhneil,
Le aoighealachd cho suairc,
A-nis cho gann de dhaoine
'S gu bheil caochladh searbh na tuar.

Bha mise caoidh nan càirdean
Bha cho blàth nan dòighean rium;
Na fir a bhruidhneadh Gàidhlig,
Làn àbhachdais is uaill,
Tha nis nan cadal sàmhach
Ann am baile-tàimh na h-uaigh,
Ann an Circeabol na tràghad
Far an cluinnear gàir nan stuagh.

Gum faca mi na coimhearsnaich
Nan leacan taobh ri taobh;
M' athair caomh bu mhacanta,
'S nach bruidhneadh facal faoin;
Niall Chàrnain bha cho labhartach,
'S cho trang sa h-uile dòigh,
'S Teonaidh Mòr Nèill Ailein,
Bha san Àirde Deas o thòs.

Cha chluinn mi anns a' mhadainn iad
A' cur na croit gu feum,
A' falbh le cairt is tractar,
'S a' toirt nam mart gu fèill;
Cha mhotha bhios a' chomhartaich
Gam mhosgladh às mo shuain;
Tha cù is maighstir nise balbh –
Is sàmhchair gharbh san tuath.

TRÀIGH GHOT

Bàgh Ghot timcheall orm
Drithleann air gach tonn;
Anns a' ghainmhich mhìn
Chìthear lorg mo bhonn.

Bàt'-aiseig tighinn gu rèidh
Gu caladh socrach ciùin,
A' tionndadh ris an alt,
Gu smachdail le cuid iùil.

Is Circeabol gu h-àrd,
Seann eaglaisean air cnoc,
A' cumail faire naomh
Air gach aon fon phloc.

COIGRICH
IS COIMHEACHAS

A' CHOIMHEARSNACHD ÙR

Chan eil coimhearsnaich an seo idir:
Chaidh iad sìos beag air bheag,
Chaochail iad, an ceòl 's an conaltradh
Air togail orra don bhalbhachd mhòir ud
Fon talamh, 's tha an Caolas falamh.

Corra uair thig dùrd beag bòidheach,
Ach mar as trice cha chluinn thu ach traon
A' gorracail air iomall an achaidh,
A' beannachadh an fheasgair chiùin,
A' fàilteachadh gealach an abachaidh
Mar anart tana air aghaidh nan speur.

Anns a' choimhearsnachd ùir, ged tha,
Far am bi sinn a' teicheadh on uaigneas
Air oidhche fhada airtnealaich,
Tha lìonradh gar ceangal còmhla
Nar peathraichean 's nar bràithrean,
Thusa ann an Kansas, mise sa Chaolas,
Agus fear eile nach do choinnich mi riamh
Thall ann an Honolulu.

Ged nach fhaic sinn a chèile idir,
'S ged nach cluinn sinn guth no gàire,
'S ged nach dèan sinn foghar gu bràth,
Is sinne gun teagamh na coimhearsnaich
As fhaisge ann am baile beag an t-saoghail,
A' bruidhinn le putain is corragan.

Agus nach taitneach a bhith a' bruadar,
'S an traon ath-nuadhaichte a' sgreadail,
Am feadh 's a tha sinn fhìn a' bàsachadh
Ann an coimhearsnachd na brèige,
Luma làn uinneagan
'S gun sgeul air gealaich?

Chan fhada gus am bi sinn uile
Nar traoin.

AN EILTHIREACHD ÙR

Tha mise nam eilthireach san eilean seo fhèin,
'S gann gun aithnich mi duine, 's cha tuig mi an gnè:
Thig coigrich air aiseag sa mhadainn le leum,
Gabhail smachd air gach baile ro laighe na grèin'.

Bha uair bhiodh ar sluagh dol a-nùll do thìr chèin,
'S bhiodh iad air seachran anns na h-achaidhean rèidh,
'S anns na coilltean bha gruamach, gun cualas an èigh,
'Tha mise air m' aineol, 's a' call mo chuid spèis.'

Chuir cuibheall an fhortain dhith car a tha gleusd',
Na Gàidheil dol à sealladh gun neach dhiubh nan dèidh:
Nach do chuir iadsan an ruaig air Tùsanaich threun,
Nuair a ghabh iad an talamh le ùghdarras Dhè?

Leis gach imrich a rinneadh, gach tinneas is eug,
Thàinig tanachadh mòr air na dachaighean sèimh:
Cha chluinnear a' Ghàidhlig ach ainneamh nam rè:
Tha Bheurla sìor èirigh, 's i coimheach na gleus.

Mar thonnan a' chladaich tha eachdraidh gach treubh,
Le muir-làn is muir-tràigh is cumhachd da rèir:
Thàinig an tràghadh air a' Ghàidhlig gu lèir –
Cuin a thig am muir-làn le car ùr anns an sgeul?

Tha mise nam choigreach sa chroit agam fhèin,
An ceann sear an eilein, measg uaislean le sgèimh:
Tha 'Cearcall an Òir' pògadh iomall nan speur,
'S mise cladhach nan clach, dèanamh rannan gun fheum.

LONG NAN DAOINE 2015

Seòlaidh mis' air Long nan Daoine
Thar an aiseig chun a' Chaolais:

Cha bhi eagal orm ro ghaothan,
Is i siud cho làidir daonnan:

Tha a sliasaid mar an fhaoileag
'G èirigh thar nan tonn gu h-aotrom:

Am 'Fear-cinnidh', lom gun aodach,
Dubh, is geal, fo stiùir an t-saighdeir,

Mac a' Bhriuthainn, 's e ga saodach',
An sàr ghaisgeach ud ga taomadh:

Claidheamh aige le dà fhaobhar,
Ghearras slighe, is cha mhaol e:

Chan eil neach a tha nas coibhneil',
Trusadh maoin air feadh an t-saoghail.

Bheir e mis' do thìr an aoibhneis
Far am faic mi croit mo mhuinntir:

Ach, mo chreach, rinn Long nan Daoine
Na h-eileanaich gu lèir a sgaoileadh:

Theich iad uile às nan sgaothan,
Is tha Galldachd feadh a raointean:

Tha am bail' ud nis air laomadh
Leis na coigrich is an saoibhreas,

Thàinig oirnn air Long nan Daoine –
Gabhail an aiseig leam don Chaolas.

POLLAG A' BHUNTÀTA

Deireadh an fhoghair gach bliadhna,
Bhitheamaid a' riasladh le caibe
A' cladhach pollag a' bhuntàta,
Aig ceann a' ghàrraidh, anns an fhasgadh:
Sloc domhain, dìonach, blàth le connlach,
Far an cuireamaid seudan na talmhainn,
Gach pòr is cinneadh air an cur air leth –
Edzell Blue, Kerr's Pink, Arran Pilot,
King Edward, Sharp's Express –
Gach aon le chuibhreann fhèin
Anns a' phollaig dhorcha ghasda.

Rè a' gheamhraidh thigeamaid gu h-eòlach,
Agus thogamaid cnapan àghmhor na beatha,
'S iad cho tioram, taitneach, tlachdmhor,
Nuair a bhruicheamaid iad gu fonnmhor,
A' plubadaich anns an uisge chàirdeil,
An rùisg a' spreaghadh anns a' phoit,
Is fiamh a' ghàire air gach craiceann,
Nuair a rachadh an dòrtadh san aisead.

B' e siud an sealladh brìoghmhor,
Ach a-raoir ann an trom-laighe eagalach
Chunnaic mi buntàta eachdraidheil Thiriodh
Ga thìodhlacadh ann an claise an aineolais,
Gun chuimhn' aig duine air ealain an sinnsirean,
Gun tuigse air gach pòr a chuir iad innte,
'S gun fhios càit idir an robh a' phollag,
'S i a-nise làn de chnapan lobhte.

CARTADH

Deich bliadhna fichead a' cartadh,
Gach cothrom a gheibhinn anns na 'lathaichean saora',
Agus seo mi ris an t-seann chleas fhathast!
Cò a chreideadh meud an sgioblachaidh?
Am fiodh an turas seo – seann gheatachan,
Seann dorsan, seann phostachan, seann stabaichean,
Na comharraidhean-crìche uile, a rèir choltais,
Gan gearradh an-diugh le sàbh 'fear na coille',
Airson connadh a chumail ris an taigh
Fad a' gheamhraidh is barrachd.

Gach nì air a chumail, 's mi fhìn
A cheart cho dona ris a' chòrr,
'Air eagal 's gum bi feum air':
Gach bàthach is sabhal is taigh
Air a stothadh le treallaich,
'S cha tàinig feum, 's cha tig,
Ach is math gun loisg an teine
Na cabair a tha a' cnàmh
'S iad a' fuireach ris an Latha Mhòr.

Na chruinnich na daoin' ud tro na linntean!
Gach ginealach a' trusadh 's a' gleidheil,
A' gleidheil 's a' trusadh, 's an sùil
Cho dall ri dallaig: a' sealltainn
'S a' sealltainn, 's gun iad a' faicinn
'Ged as ionann cladach,
Nach ionann maorach.'

'Nì mise an càrnadh,
'S nì cuideigin eile an cartadh.'
An e sin an riaghailt neo-sgrìobhte?

Tha mise a' guidhe gun tuig mi
Gu bheil comharraidhean-crìche ann,
'S gun dèan mi mo chuid cartaidh fhìn
Mus tèid mo thilgeil-sa air a' chairt
Anns a' chartadh dheireannach.

ÈIRIGH-CUAIN

Cha do mhothaich mi idir
Gun robh an cuan ag èirigh,
Cumhachd na mara a' bleith na tire,
A' cagnadh nan creag, a' slugadh na gainmhich,
Gus am faca mi na dh'fhàg am muir-làn
Àrd os cionn an rathaid mhòir
Aig beul Thràigh Ghot
Air oidhche na stoirme,
Stamhan is botaill phlastaig,
Àracain is fiodh is connain-mhara,
Sligean-creachain is ròpaichean,
Is ribeanan robach feamainn.
Chan fhada gus am feum iad
An rathad a ghluasad.

Agus bhuail e orm le sad
Gun do shearg m' eilean
Ceithir-thimcheall orm,
Creag an dèidh creige a' tuiteam
Gu sàmhach do na doimhneachdan
Às nach tilleadh iad, gun duine
A' sealltainn no a' gabhail beachd,
'S gun tuigse idir agamsa
Gun robh cunnart ann;
Gun fhios domh gun robh
An crìonadh gam chreachadh.

An-diugh tha mi nam sheasamh
Nam sheann Bhodach Hòidh,
A' togail fianais air Atlantis,
Gus an gèill na bunaitean
A tha fhathast gam chumail
Seasmhach ann am meadhan
Na h-atmhorachd ùir:
Bidh iad a' dìosgail
Anns an ath stoirm,
'S an làn mòr coimheach
Aig àirde.

Cha mhothaich duine beò
Nuair a dh'fhalbhas iad buileach,
'S a thuiteas na creagan
Deireannach agamsa
Don aigeann
Còmhla ris
A' chòrr.

NA H-EILEANAN TIRISDEACH

Chan e eilean, ach eileanan, a th' ann an Tiriodh,
Eileanan timcheall nan cladaichean corrach,
Ach cuideachd eileanan am meadhan tìre,
Anns na machraichean 's na monaidhean,
Far an do thràigh cuan na coimhearsnachd beag air bheag,
Tobhtachan air cuid dhiubh, togalaichean slàn air cuid eile,
Cuid le teaghlaichean, cuid gun duine beò,
Eileanan beaga ìosal, iriosal na Gàidhlig,
'S droch coltas air an t-sìd'.

Tha mi fhìn nam eilean anns an eilean seo,
Eilean air dà chois, na tuinn a' sluaisreadh eatorra,
Stoirmean a' gheamhraidh a' tighinn le neart,
Muir mhòr na Beurla a' sìor at gach bliadhna,
Sruthan àrdanach Cuan nan Coigreach
A' lìonadh nan claisean a dh'fhàg a' Ghàidhlig,
A' cagnadh mo stèidh, a' bleith mo chreagan,
A' fàgail feamainn ghrod aig mo chasan,
A' leagail mo chomharraidhean-tìre,
A' goid gainmheach mo chladaichean,

Gus nach bi annam ach Bodach a' Chaolais,
Nam stob biorach, greannach, gruamach,
Nam sheasamh gu cugallach air leth-chois,
A' maoidheadh air na fairgeachan,
'S na h-eileanan Tirisdeach eile
Air dol fodha, gun chuimhne orra idir,
Ach a-mhàin an ceann a' Bhodaich.

LATHA AS FHEÀRR?

Tha gach inneal cur car dheth, 's a' crathadh nan clàr,
'S am bàt'-aiseig le faram a' fàgail an àit',
Far am b' òg mi nam bhalach 's far an robh mi an-dràsd'
A' càradh an taighe airson latha as fheàrr.

Gach siubhal a bh' agam air fearann is sàil
A' cumail na lasair beò-laiste na bàrr,
A' cath ris na siantan, gach bliadhna gun tàmh,
Feuch an gleidhinn mo dhìleab bho mhilleadh is cnàmh.

Cha robh duin' anns a' bhail' ud a bheireadh dhomh làmh,
A' choimhearsnachd lagaicht' seach an comann a bha,
'S bu tric mi a' farraid, dè bu mhath dom chuid spàirn,
'S a bhith cosg mo chuid airgid air obair gun stàth.

Ge bith dè an fhreagairt, chan eagal a ràdh
Nach do bhrath mi mo dhaoine le maoin is droch ghnàth;
Agus seo mi air tilleadh ann an ciaradh mo là
Chur dìon air gach balla an dachaigh mo chràidh.

Tha am bàta a' tarraing seach an Caolas an-dràsd',
Is chì mi an taigh ud 's e gealaicht' gu h-àrd;
Nighean òg 's i a' còmhnaidh a' toirt dòchas don àit' –
A bheil mi faicinn air fàire an latha as fheàrr?

Air bòrd a' 'Chlansman', 11.30 a.m., 6.9.2014.

ANNS AN DEALACHADH

BÀT'-AISEIG NAM BLIADHNACHAN

Bàt'-aiseig nam bliadhnachan 's i gu brèagha a' snàmh
Gu socrach, gu sàmhach air uachdar na sàil,
A' siubhal gu sùnndach, gun diù do gach là,
Gus an ruig i mu dheireadh ceann-uidhe a gràidh.

Ghabh mi am bàt' ud 's mi nam bhalach le gàir',
Gun tuigse air àmhghar no fiosrachadh cràidh,
Is sheòl mi le dòchas gu ceòlmhor 's gu dàn
À ceidhe an eilein 's mi a' ceileir sa bhàgh.

Ghabh mi am bàt' ud 's mi aig meadhan mo là
'S mi strì ri mo bheatha 's ri searbhachd mo chràidh,
Is thill mi le faochadh gu taobh an t-seann bhàigh,
A dh'fhàg mi le ceileir aig toiseach mo dhàin.

Ghabh mi am bàt' ud 's mi am foghar mo là,
'S mi taingeil is sàsaicht' gun robh mi gu slàn,
Ach aig ceidhe an eilein, thuig mi mo chàs,
'S gun duine air fhàgail de chàirdean mo ghràidh.

B' iomadh acarsaid àlainn a bh' aice 's gach àird,
Bha breith ann, is banais, is slànachadh càil,
Ach bha stoirm agus gailleann ga riasladh gun bhàidh,
Agus thadhail i cuideachd aig caladh a' bhàis.

Tha deich bliadhna fichead on shiubhail an sàr,
M' athair uasal bha ealant' air cleachdadh nam bàt':
B' iomadh iùbhrach a thog e, cur seòl oirr' gu h-àrd,
Ach thriall esan aon fheasgar air an aiseag bu ghnàth.

Bàt'-aiseig nam bliadhnachan, thèid innte gach àl,
'S cha bhi gainnead luchd-siubhail cur dragh oirr' gu bràth:
Bidh i seòladh gu neartmhor dh'aindeoin searbhachd an là,
Gus an ruig i mu dheireadh ceann-uidhe a gràidh.

IONNDRAINN ZAC

A choin bhig a bu choibhneil,
Bu ghasda 's bu ghrinn thu,
A' coiseachd gu h-aoibhneil rim shàil-sa.

Bu tric ruaigeadh tu faoileag
Air na cladaichean gaolach,
'S na tonnan a' seinn dhuinn am fàilte.

Do shròn sna h-oiseanan daonnan,
'S tu a' sporghail le aoibhneas,
'S a' cur do mhòr-shuim anns gach fàileadh,

'S mis' aig sìth-chuan na straighlich,
A' sireadh tràighean nan daoimean,
Far an lorgainn an loinn airson bàrdachd.

Is seo mi nise gad chaoineadh
Mar shàr charaid bu chaomh leam,
'S mi cho eòlach air daonnachd do nàdair.

Bhon a dh'fhalbh thu 's a chaochail,
Chan eil nam fhacail-s' ach faoineis,
Gun do chomhart beag coibhneil is càirdeil.

TONNAN A' CHLADAICH

Tonnan a' chladaich
Ann an lathaichean m' òige,
Tighinn thugam gun smalan,
A' failceadh mo bhrògan,

A' sgaoileadh am brataich
Anns an earrach bu bhòidhche,
A' cur uisge mun chaisteal
Bha mi cladhach gu spòrsail.

Tonnan a' chladaich
Ann an samhradh mo dhòchais,
Toirt toradh na mara
Gum chasan gu seòlta,

Is feamainn ga tarraing
Gu achaidhean eòrna,
A' mathachadh talaimh
Gu fallain 's gu deònach.

Tonnan a' chladaich
Ann am foghar an eòlais,
A' tàladh mo chasan
Le mac-talla nan crònan,

Is lathaichean balaich
Gam falach sa cheòban,
A' mhuir leis an acras
Cagnadh faileas an òigir,

A b' àbhaist bhith gabhail
Rathad a' chladaich le sòlas,
Le each agus cairt aig',
Gu carthannach, ceòlmhor.

Tonnan garbha a' chladaich
An geamhradh an dòlais,
Tighinn à doimhneachd na mara,
Is magadh nan còmhradh,

Le glaodh air gach carraig,
'Nach gabh thu leinn bhòidse,
Air sàr thaisdeal fada –
'S tu cho measail air seòladh.

''S ma thilleas tu dhachaigh
Gu cladaichean d' òige,
Chan fhaic thu sa ghainmhich
Aon lorg dh'fhàg do bhrògan.'